追寻毛泽东足迹

毛泽东在江苏

中共江苏省委党史工作办公室
江苏省档案馆 编

中共党史出版社

图书在版编目（CIP）数据

毛泽东在江苏 / 中共江苏省委党史工作办公室，江苏省档案馆编 . -- 北京：中共党史出版社，2025.4.
（追寻毛泽东足迹）. -- ISBN 978-7-5098-6734-1
Ⅰ . A752
中国国家版本馆 CIP 数据核字第 20242PC566 号

书　　名：	毛泽东在江苏
作　　者：	中共江苏省委党史工作办公室　江苏省档案馆
出版发行：	中共党史出版社
责任编辑：	王鸽子
责任校对：	申宁
责任印制：	段文超
社　　址：	北京市海淀区芙蓉里南街 6 号院 1 号楼　邮编：100080
网　　址：	www.dscbs.com
经　　销：	新华书店
印　　刷：	北京中科印刷有限公司
开　　本：	710mm×1000mm　1/16
字　　数：	130 千字
印　　张：	9.75　7 面插页
版　　次：	2025 年 4 月第 1 版
印　　次：	2025 年 4 月第 1 次印刷
书　　号：	ISBN 978-7-5098-6734-1
定　　价：	30.00 元

此书如有印装质量问题，请联系中共党史出版社读者服务部　电话：010-83072535
版权所有・侵权必究

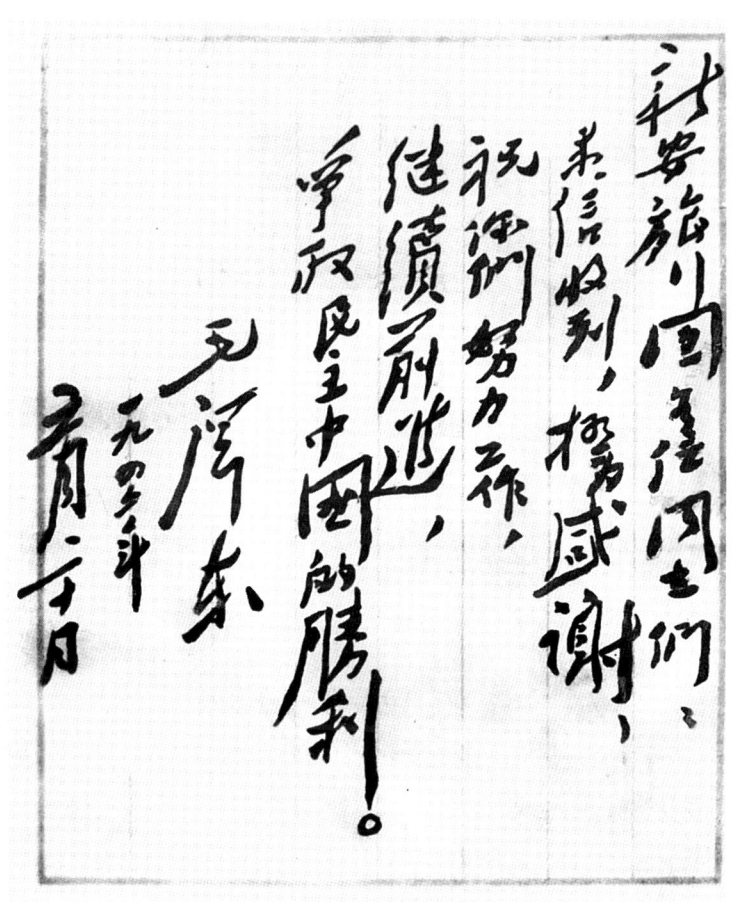

1946年5月20日，毛泽东致新安旅行团信

毛泽东为徐州淮海战役烈士纪念塔亲笔题写的塔名

1952年10月29日，毛泽东在徐州市南郊的云龙山上

1953年2月23日，毛泽东视察南京紫金山天文台

1953年2月24日，毛泽东在南京附近长江上视察海军，在军舰上与海军战士在一起

1953年3月25日，毛泽东视察江苏时在徐州火车站

1956年1月11日,毛泽东视察南京无线电厂,在车间与工人亲切交谈

1956年1月11日,毛泽东视察南京郊区农村,与农民亲切交谈

1956年1月11日,毛泽东在南京会见江苏省部分干部和工商业者代表

1957年3月20日,毛泽东在南京人民大会堂发表重要讲话

1958年9月21日，毛泽东在南京与江渭清、许世友亲切交谈

1958年，毛泽东视察江苏工业建设

1960年6月20日，毛泽东接见无锡师范附小教师吴启瑞

1962年12月15日，毛泽东由江苏省和南京军区领导同志陪同在南京人民大会堂接见省、市和部队干部

目 录

序言　沈达人 \ 1

谆谆教导　殷殷情怀——纪念毛泽东同志诞辰100周年　江渭清 \ 1

永远不可磨灭的记忆　许耀林 \ 10

领袖胸怀连寰宇　李元 \ 14

主席要见我这个农民出身的县委书记　沙克 \ 23

一定要建立强大的海军　赵克舜 \ 28

在飞驰的专列上　李芸华 \ 33

待到杉树成林时再请毛主席来　何承业　袁仁宝　李佑斌 \ 37

毛主席和我们电子工人在一起　蒋广华　吴翔 \ 44

毛主席对南京军事学院的关怀　孟昭群　苏士甲 \ 49

毛主席看望江苏工商界的同志们　孙建昌 \ 53

金陵古城话建设　彭思铸 \ 55

情萦古战场　着意绘新图　谢端尧 \ 64

我陪毛主席登云龙山　华诚一 \ 71

毛主席记得我这个"四川籍"　胡宏 \ 75

仓廪实而知礼节　吴明政 \ 80

"我们先吃了苹果，现在再吃葡萄"　包厚昌 \ 85

毛主席在无锡二三事　朱源生　陆阿胖　张英华 \ 91

有困难，但也有办法有希望　何冰皓 \ 96

一次难忘的会见　陈西光 \ 101

五次幸福见到毛主席　张敬礼 \ 107

永恒的怀念　董加耕 \ 110

一个火车司机的思念　张树吾 \ 114

毛主席三次为《新华日报》题写报头　刘向东　李承郅 \ 116

深情念故交　谈福兴 \ 120

春风吹绿庄阳村　曹文彬　曹文丁 \ 127

"毛泽东中队"的回忆　周立人 \ 132

毛泽东在江苏大事记 \ 137

编后记 \ 146

再版说明 \ 147

序　言

沈达人

在纪念毛泽东同志诞辰100周年之际，中共江苏省委党史工委和省档案馆联合组织编写的《毛泽东在江苏》展现于读者面前，寄托了江苏全省人民对毛泽东同志的深深的崇敬和缅怀。

《毛泽东在江苏》一书，全面、翔实地整理了毛泽东同志自青年时代直至他的晚年，在半个世纪的风云岁月里，先后20余次到江苏各地的有关重要史料，并首次集成卷帙出版。书中所辑内容，包括反映毛泽东同志来江苏的重要革命实践的文章、题词和照片等等，其中有不少史料是首次与读者见面，所收进的文章从各个侧面生动地忠实地追寻了毛泽东同志在江苏大地的历史足迹。因此，本书的出版，不仅有其特定的史料价值和纪念意义，而且对于我们在新的历史条件下学习马列主义、毛泽东思想，深刻领会邓小平同志建设有中国特色社会主义的理论，推进改革开放和现代化建设的伟大事业，都具有重要的现实意义。

共产党人要胜利进行改造旧世界、建设新社会的斗争，引导革命达到成功，必须把马列主义基本原理同本国的实际相结合，根据国情的特点，创造性地运用马列主义理论，从而开辟出一条适合本国情况的道路。在我们党内，毛泽东同志不仅最早认识和把握这个真理，懂得一切从实际出发的极端重要性，而且深知调查研究是正确认识国情的根本途径，是理论与实际相结合的桥梁。为此，他历来十分重视调查研究工作，并积极倡导，身体力行，正如他在晚年的一次谈话中所说：自己搞了几十年的调查研究。

《毛泽东在江苏》中所记毛泽东同志于1920年4、5月间来到我省徐州和南京，正是他确立革命世界观、毅然选择正确方向并为之奋斗的关键时刻，所留下的不寻常的历史行踪。五四运动前后，国内普遍发起了青年赴欧洲勤工俭学活动，当时，毛泽东热情协助并组织了湖南的一批学生出国，然而他自己却没有去。其中的原因，就是他后来所说的，那时他认为对自己的祖国了解得还很不够，把时间花在中国更有益处。怀着这种为着要更广泛深入地了解自己国家的热切心愿，他在由北京南下途中先后来到了我省著名的古城徐州和南京。可见，这次旅行正如他此前徒步游历湖南家乡一样，是他矢志于深刻地考察和研究中国社会的实践活动的最早发端。

新中国成立后，毛泽东同志经常深入各地调查研究，仅从江苏省来说，就来过许多次。他每到一地，总要亲自向省、地、县和基层干部群众直接进行社会调查，内容涵盖很广，而主要更侧重于经济工作方面，诸如当地人口、自然地理状况、历史区划沿革、工农业生产水平、人民生活上存在的困难和问题及其克服的办法，乃至城市市政建设、交通运输、文化教育，农村水利的兴修、荒山的绿化和养猪积肥，等等。许多问题不仅了解得很仔细，还总是亲自动手做笔记，以便直接掌握第一手材料，作为从宏观上统揽全局、运筹大政方针的依据和参考。可以说，调查研究工作贯穿了毛泽东同志的全部革命实践，而这种建立在马克思主义的正确思想路线基础之上的认真调查研究的革命作风，今天仍然是值得我们学习、继承和发扬的宝贵精神财富。

尤其应该纪念的是1957年3月20日毛泽东同志来南京发表的历史性讲话。毛泽东同志在这一重要讲话中明确指出，社会主义改造基本完成以后，全党和全国人民面临着一个伟大、深刻的转变，即由过去长期的以阶级斗争为中心转到以经济建设为中心。同时强调通过革命改变上层建筑和经济制度只是为发展生产力开辟道路，为使中国由落后的农业国变为先进的工业国开辟道路，因而现在的中心任务是建设，是在新的生产关系下面保护和发展生产力。并且高瞻远瞩地提出了建成社会主义现代化强国大约需要100年的时间和要分几步走的战略设想。36年后的今天，重温毛泽东同志这些闪耀着历史光辉的思想，对于我们更加深入地学习和理解邓小平同志建设有中国特色的社会主义理论，更加坚定不移地贯彻执行党的基本路线，无疑有着巨大的教益。

我们纪念毛泽东同志，就是要在新的形势下继续认真学习马列主义、毛泽东思想的立场观点和方法，重温毛泽东同志关于社会主义建设的重要讲话和科学论述，学习他坚持马克思主义思想路线的革命实践和作风。在邓小平同志建设有中国特色社会主义理论和党的十四大精神指引下，解放思想，实事求是，加快改革开放和现代化建设的步伐。我们将为建设经济繁荣、科教发达、社会文明的新江苏的宏伟目标而努力奋斗，用社会主义现代化建设的优异成绩告慰敬爱的毛泽东同志，不辜负他老人家生前对江苏的亲切关怀和厚望！

1993年6月于南京

谆谆教导　殷殷情怀

——纪念毛泽东同志诞辰 100 周年[①]

江渭清

恩格斯曾经称颂马克思："没有他，我们至今还会在黑暗中徘徊。"[②] 我以为，在中国用这个意思称赞毛泽东同志也是恰当的。

毛泽东同志是伟大的马克思主义者，是伟大的无产阶级革命家、战略家和理论家。他将马列主义普遍真理与中国革命具体实践相结合，和许多老一辈无产阶级革命家一道，创建了中国共产党，缔造了完全新型的人民军队，领导中国人民艰苦奋斗，推翻了"三座大山"，并开创了举世瞩目的社会主义宏伟事业。他的光辉思想体系及丰富社会实践，不仅为我国人民的解放和建设事业作出了有口皆碑的历史贡献，同时，也给我们子孙后代留下了极其宝贵的不朽的精神财富。

今年是毛泽东同志诞辰 100 周年，全党、全军、全国各族人民都在纪念他——我们伟大民族的历史巨人。

我长期在江苏工作，建国后毛主席先后来江苏 20 余次，我有机会聆听毛主席对我们省、市各项工作所作的多次指示，留下了刻骨铭心的记忆，现作片段回顾，谨以此文表示对他老人家深切的纪念。

---

① 本书中的文章，除特殊说明外，均成文于毛泽东同志诞辰 100 周年之际。
② 《马克思恩格斯全集》第 35 卷，第 457 页。

1949年4月，百万雄师过大江，我们中国人民解放军在中共中央和中央军委统一领导指挥下，第三野战军的第八兵团率先一举攻占了国民党反动统治的中心南京城，七、九、十兵团攻占了上海、杭州、福州等城。第一、第二、第四野战军一鼓作气乘胜南进、西进，解放全中国；我和一部分领导同志奉命留在南京，负责接管刚刚解放的这一大都市。

是年9月，我作为第三野战军的正式代表，赴北京参加第一届中国人民政治协商会议，参与讨论中华人民共和国的开国大事。会前见到了毛泽东主席，并在北京饭店大厅里与我30年代就打过交道的张治中先生一起，陪毛主席散步、聊天。那天主席兴致勃勃，笑哈哈地听治中先生讲当年我俩在长沙谈国共合作的故事。我也回忆起在中央苏区瑞金第一次见到主席的往事。主席说，"是啊，那时的政权只是几块根据地，是全国政权的雏形，现在就大不相同了。"我们都会心地笑了，因为几天后，毛主席就在天安门城楼上向全世界庄严宣告，中华人民共和国成立了，中国人民从此站起来了。

50年代初的江苏开始并没有行政省的建制，只有苏南、苏北两个行政区，徐海地区属山东管辖，而南京是中央的直辖市。当时，南京市委书记兼市长是刘伯承同志，副书记是宋任穷、副市长是柯庆施，我是市委副书记兼总工会主席。二野向西南进军后，接替刘伯承、宋任穷同志的是粟裕和唐亮同志。刚刚夺取全国胜利，建立新政权，执政党肩上的担子是非常沉重的。作为全党和中央人民政府的最高领袖，毛泽东主席夜以继日地工作着，从事建设社会主义理论和实践的探索，以及繁重的公务活动。

解放后的头三年，还是我们搞经济恢复工作时期，逐步在旧中国留下的落后、停滞、几乎濒临崩溃的破烂摊子上恢复、改造、建立、发展社会主义的经济。我清楚地记得，毛主席在百忙的工作中，仍然非常重视和关心南京市的各项事业，因为这座曾是"虎踞龙蟠"六朝古都的原国民党首府城市，在海内外的政治影响太大，全世界都在瞩目，都想看看中国共产党人究竟能否管理好像上海、南京这样的大都市。毛主席对南京的工作曾多次作重要指示，其中重要的一条就是要求我们市委一班人，务必用革命的干劲、科学的态度，在尽可能短的时期内，将南京这座臃肿、膨胀，为官僚消费服务的城市，变成为人民服务的生产城市。这个观点，他不仅在会议上讲，还给我们发过文件、电报。

改造、建设南京城，这是党的事业也是光荣艰巨的任务。当时市委负责人中，我是分管总工会和工业建设等方面工作的副书记。为贯彻落实中央和毛主席的指示，我们首先将苏北、皖北流落在南京的20万贫困农民趁土改之际，疏散回原籍，参加分配土地和生产。另又处理安排散兵"游勇"等社会闲散人员和娘姨、奶妈、孤儿及娼妓10万人，这样一来安定了民心，为恢复和发展生产创造了有利环境。当时，市委分工由我亲自组织一批同志下基层，经深入调查研究，发现国民党的堂堂首都、号称大都市的南京城，被蒋介石统治管理了20多年，全市的产业工人只有几万人，基本上没有像样的重工业，虽然有些电讯工业，也纯系修配性质的，而工业产值仅有5000多万元，实在是可怜可悲得很。

怎样才能使新南京变成为人民服务的生产大城市呢？我们决定趁当时刚开始抗美援朝的大形势，首先发展有线电、无线电、电瓷、通讯、机械等工业项目，边生产边支援朝鲜前线；同时，也逐步建立起化学、纺织、食品、建材、五金、汽车等轻重工业。为保障这一决策的有效实施，我们从部队和地方干部中反复挑选，派出了一批工作能力很强的同志去担任几家有名的大厂的党委书记和厂长。如槐亚东、李乐山、杨益林、冯伯华等同志就是我们最早派去搞电子通讯和化学、机械等工业的领导人。以党的领导为核心，充分发动和依靠广大人民群众，并团结使用了一大批有知识、懂管理、通技术、精业务的工程技术人员，经几个方面的共同努力，初具社会主义特色的大工业生产终以崭新的面貌开动起来了。三年后，南京市、苏南和苏北行政公署合并，成立了江苏省，南京被划为省会城市，当时我调任省委第二书记。这样，因工作关系直接听到毛主席指示和教诲的机会就更多了。

为了建设社会主义新中国，振兴中华民族，改变旧中国一穷二白的落后面貌，毛泽东主席始终不渝地进行大胆的尝试和探索。这的确是泱泱东方大国前无古人的宏伟事业。主席曾对我们讲，要求得国民经济的大发展必须以工业为主导，而在全国、各大区、省都要有结合地方特点的合理工业布局。对此我们省委也根据主席的这一思想反复考虑过，在传统的农业大国，如何去体现"以工业为主导"，又怎样来布局江苏地方工业。当然这些都在我们江苏国民经济的第一个五年计划实施中做出了答案。有了头三年经济恢复的良好基础，我省决定大体上苏南地区以发展轻工业为主，苏中、苏北地区以发展粮油食品加工业为主，而南京市和徐州、海州则以发展重工业为主。经过五年的努力实践，据 1957 年底统计，全省的工业总产值已达 32 亿多元，比 1949 年底南京市加苏南、苏北和徐州、海州合计数增加了近三倍。这实在是了不起的发展。就其中的汽车制造业来说，南京的汽车工业在五十年代已跃居全国之首。主席曾提出，要东北长春汽车制造厂的厂长去南京汽车厂学习，当一年副厂长，认真学习他们的设计、工艺及生产管理经验。

毛主席历来坚持从中国是一个落后农业国的国情出发来制定革命和建设的路线、方针、政策。新中国成立后，主席曾用了大量精力关心和指导我们国家的农业生产和水利建设事业。他老人家常说，中国是世界上数一数二的农业大国，要实现工业化必须特别注意农村工作，"农业是国民经济的基础"，"水利是农业的命脉"，农业发达了才能更好地支援工业。主席的这一思想，闪耀着唯物论和辩证法的光辉。

早在 1950 年 8 月，毛主席就对淮河的治理问题作了重要批示，请周恩来总理布置江苏、安徽、河南三个省的省委，要把治淮作为中心工作来抓。他亲笔题词"一定要把淮河修好"。后来，我陪同主席在苏北地区视察时，他又当面向我交代说，我们都是农民出身的，深知农民的疾苦，不首先解决其温饱问题，几亿农民怎会拥护我们？历代苏北、皖北水患严重，农业落后，一月无雨就旱、一月三雨便涝，要彻底改变这种面貌，必须先从水利着手，解决命脉问题啊！主席的指示真是高瞻远瞩，语重心长。

我们江苏根据毛主席一系列指示精神，统一思想、组织班子，发动群众，具体实施，打赢了一个又一个水利战役。如：治理淮河、拓宽运河、导沂整沭、疏浚入江水道、修建大型河闸、建设机电排灌网等等。党和政府有关兴修水利的决定，都受到人民群众的衷心拥护。江苏大地，尤其是苏北农村，千百年来水灾、旱灾、蝗灾、兵灾，天灾人祸连绵，民众苦不堪言。新中国成立后，毛主席号召全党重视农田水利工作，首先解决几亿农民的吃饭穿衣问题，这确实具有无比的感召力。人民群众凝聚在党的周围，用智慧和勤劳的双手建设自己的家园，在与天斗与地斗中焕发出冲天的干劲，体味着其乐无穷的哲理。有许许多多战天斗地的场面是非常感人的，亲临过现场的人必将终生难忘。就说苏北灌溉总渠工程吧，50年代初全面开工，西起洪泽湖、东至黄海边，全长336华里，沿渠18个县的72万民工，仅凭着手挖肩挑，在短短三个月的时间里完成土方7320万立方米，胜利竣工。这在当时比较落后的生产条件下，应当算是个奇迹。加上不久又竣工了新中国第二大闸三河闸，可使里下河地区1500万亩农田免除洪涝灾害，再加上其他配套水利工程，可灌溉苏北2580万亩农田，这些都是治理淮河最关键的工程，在国际国内都产生过巨大影响。许多友好国家曾派代表团前往参观学习，对新中国在共产党和毛主席领导下，短时间内就有如此巨大的改观表示由衷的钦佩。精神可以变成物质。实践又一次证明，毛主席"一定要把淮河修好"的号召一旦变成广大群众的自觉要求，就产生了治好淮河的巨大物质力量。

主席多次来江苏视察，我作为省委班子的班长也多次向他汇报工作，接受指示听从教诲。可以说每一次与他老人家谈话，都少不了要谈农业，谈粮棉油，谈农民生活的改善。他说，江苏应该是产粮大省，逐步解决了水利问题后，就要紧抓科学种田，粮、棉、油、麻、桑、果、药、茶、蔬等12个字都要讲科学。他老人家自己就用时间钻研植物栽培学、土壤学、植保学、肥料学、种子学等科学知识，并要求各大区的书记、各省的书记这些高级干部也要学。主席每到一地视察，常会给当地的领导干部出题目考试，题目看起来很简单，例如：如何种植小麦、水稻？如何进行棉花的播种和田间管理？有时算起细账来令人吃惊。我记得他就考过我几次，有一次是问我一亩棉大约要种多少株棉苗？一株棉花大约有多少棉桃？我因为曾向农业专家请教过，并啃过几本农业科学知识的书，所以那次答题使主席比较满意。他批评那些不爱学习和不懂装懂的领导干部；同时鼓励、启发领导同志努力掌握科学知识用以指导工作。谁要是在他面前公然说假话，一经发现，必遭批评，而主席平时是很少发脾气的，总是循循善诱的。

50年代后期，毛主席亲自提出了"土、肥、水、种、密、保、管、工"的"农业八字宪法"，这是他走遍大江南北，深入各地基层作充分调查研究后提出来的，是当时科学种田经验的高度总结。全国广大农村，在实行"农业八字宪法"后都不同程度地尝到了甜头，农业普遍有增产。大凡老一点的同志都会记得，毛主席一贯要求我们要理论联系实际，要注重实践、实效，他当年就提倡各地党委书记都要亲手种植试验田，用自己动手、亲身体验的方法来取得发言权，从而改进我们的工作。他老人家虽年事已高、日理万机，但也在中南海丰泽园住所的院子里开了一块地，亲自种上粮食和蔬菜。我们省委的许多负责同志，以及地（市）、县的领导同志们，当年也都这样做过。干任何工作，没知识、不懂行，又不肯学习，就一定干不好，是领导干部就免不了要说空话、瞎指挥，这样的人说得越多、指挥得越起劲，其损失就越大、后果就越严重。这早已成为一条深刻的历史教训。

我们的南京城是座美丽的城市，除去古迹名胜而外，她的植树绿化也是闻名于海内外的。由此，我又想到了毛主席对我们江苏城乡绿化造林工作的多次关怀。1953年2月下旬，主席在陈毅、罗瑞卿同志陪同下来南京视察。当时我们正在召开省委扩大会议，他接见了参加会议的省、地、市、县负责同志，并讲了话。第二天，会议照常举行，我陪主席一行去中山陵谒陵。时值初春，天气寒冷，但出了中山门，看到一排排整齐挺拔的法国梧桐树和雪松、宝塔松，老人家颇有感触，加之，他又去了紫金山天文台参观，登高望远群山苍翠，可俯瞰石城却是色灰一片。主席沉思了一会儿，对我说，"中山陵的树是国民党种的，我们共产党为什么不能把整个城市都绿化起来呢？"接着又说，"渭清啊，这件事你要负责抓，书记挂帅嘛！"我说："主席，请您过几年再来看吧！"他笑了，"好，这就算我们的君子协定。"两年后，毛主席在谭震林等同志陪同下又来南京视察，那次我随他一起去栖霞区的十月农业生产合作社参观。主席与农民群众交谈得非常高兴，当走到村头时，他突然转过话题问我，"渭清，上次我们谈过城市绿化的事，依你看这郊区的绿化该怎么搞法？"我回答道："我们已有部署了，根据具体情况作综合安排，打算搞防风林、用材林、薪炭林和经济林；针对树木品种不同，生产快慢不同，搞长短接合、'公孙三代'，不久就会见成效的。"主席听了点头称是，末了只提出这里经济林将以什么品种为主。我回答说，"根据调查研究，很适合种水蜜桃树。"老人家听了很开心，"这可好，将来南京地区的水果供应问题也就能解决了，真正是造福后人啊。"现在想起来，当时我们还是做得很不够的。

其实，自从毛主席第一次向我们交代了绿化南京城的任务后，我们省委就找了有关领导和一些专家们共同商量，最后决定：以法国梧桐为基本品种，带上雪松和宝塔松，三年育苗、三年绿化，让南京城区凡是能植树的马路、通道两旁，统统都美化起来。绿化的区域逐步扩大到郊区，也有种植白杨、垂柳、刺槐等品种的；而城区的一些新辟干道，后来也种上了雪松、宝塔松等大株植，并将生长期缓慢的矮小品种龙柏树、冬青树作为城市美化的点缀品。我们坚持不懈地干了几年，确有成效了；接着再搞几年，绿荫成行成片了。如今的南京城市绿化之所以蜚声海内外，历史地看，这离不开毛主席当年的远见卓识，也离不开南京广大人民群众的共同努力。这使我想起了60年代，全国评选绿化先进城市时，南京就已名列榜首了。有一次，周总理召集全国各大区及省、市主要负责同志会议，会间我顺带讲道："前不久全国绿化先进评比，南京是第一，广州是第二，北京是第三，这样评似有不妥，我建议总理向主席汇报，是否应让北京市当第一，因为是首都城市，要考虑在全国的影响……"总理听我一说，哈哈地笑了起来，转过头便对陶铸同志说，"渭清同志的这个建议是为顾全大局啊，我首先表示同意，那么你们广州的那个第二名，是不是应该让给江苏南京呢？"陶铸同志非常顾全大局，连声答道："总理，应该的应该的，我完全赞成！"

再说50年代初，有一天，主席与我谈起徐州的云龙山，说道："渭清啊，你说这石头山上能不能搞绿化造林呢？"我想了想，回答说，"世上无难事，石山绿化一是可以搞人工植被来解决；二是可以在石头上打眼，再向洞眼石缝中填土，播柏树种和植小柏树苗，我看总是有办法的。"主席说，"那好嘛，就按你说的办吧。"老人家还叮嘱道，这么大的一座山，荒秃秃的多可惜，我问过专家，种一棵树就可以含吸住一吨水，既能防止水土流失保持生态平衡，又能美化环境产生经济效益，岂不一举多得。后来，徐州的同志们对山况作了调查，云龙山石是大片石灰岩构造，不适应马尾松生长，只能种柏树，因为柏树能抗旱。有了科学性，加上领导和群众的共同努力，终于实现了毛主席提出的号召，彻底改变了童山的面貌。如今的云龙山，早已柏树满山青翠一片，加之1958年又在山脚下挖了一片人工湖，水波粼粼，湖光山色，大大美化了这座古彭城。我们江苏的广大干部群众，从自己的实践和取得的成效中加深领会了毛主席心中深邃的思考，这是造福后人造福全人类的千年万年大计啊。

敬爱的毛泽东同志离开我们已有17年了，他老人家生前20余次来江苏大地视察指导工作，在许多工厂、农村、学校、矿山、军营、机关都留下了足迹。他对江苏地区各方面工作给予了亲切的关怀，这不仅是我个人，也是全省人民永远不会忘怀的。毛泽东同志一生的伟绩，早已在12亿中国人民心中铸成了不朽的丰碑。我们如今纪念他诞辰100周年，就是要在党的十四大精神指引下，坚定不移地执行党的基本路线，坚定不移地搞改革开放，坚定不移地沿着社会主义的道路走下去，为建设好有中国特色的社会主义强国，为最终实现共产主义的伟大理想而奋斗！

永远不可磨灭的记忆

许耀林

1993年是伟大领袖毛主席诞辰100周年。回忆自己三次受到过毛主席接见的情景，不禁心潮澎湃，更加深切怀念他老人家。

第一次受到毛主席接见是在1953年春。当时，我担任中共连云港市委代理书记，去南京参加江苏省委召开的省、地（市）、县三级干部会议。会议期间，毛主席来到南京视察。省委安排我们参加会议的400多人分成两批，一批在中山陵，一批在玄武湖，受毛主席的接见。我被安排在去中山陵的两百多人中，一早乘车来到中山陵园，在通往山上的台阶下列队等候毛主席的接见。等了一会儿，毛主席在副总理兼外交部长陈毅和江苏省委领导同志的陪同下，沿着台阶朝我们走来。这时，百余名游览中山陵的中学生发现了毛主席，立即围上去。学生们欢呼雀跃："毛主席来了，毛主席万岁！"学生们发自内心拥护爱戴伟大领袖毛主席的欢呼声回荡在中山陵园。一批批学生团团围住毛主席，一个个争相伸手要与毛主席握手。毛主席亲切和蔼地与学生们一个个握手，并连声说："同学们好！祝同学们学习好！"学生们越来越多，气氛越来越热烈。陈毅等领导同志只好将毛主席拥上车。没来得及讲话并与我们握手的毛主席，还在车子里挥手与我们告别。

我们从中山陵回到住地后，与去玄武湖的同志们一起兴高采烈地谈论毛主席接见时的情景。在玄武湖见到毛主席的同志告诉我们，毛主席在接见前，途经玄武湖旁的田地时，看到一位菜农在田里干活，便步入菜田走到菜农身边询问种菜生活怎么样，正埋头干活的菜农抬头一愣，大叫起来："毛主席！"随后，毛主席与菜农亲切地聊了好一阵子。有的同志还告诉我们，毛主席来南京住在西康路33号原美国大使馆司徒雷登大使住所。晚上，毛主席睡不惯席梦思床，自己把床铺行李搬到地板上就寝，后来才被服务员发现。

1962年12月，我作为连云港市的党代表参加了江苏省第四届党代会。在会议上，又一次受到毛主席的接见。当时，毛主席巡视各地途经南京。省委第一书记江渭清同志邀请毛主席接见正在开会的党代会人员。接见前，没有通知，大家都不知道。我们参加党代会人员和省级机关处以上干部3000多人，走进党代会会场——南京人民大会堂，在座位上坐好。大家纷纷议论今天会议与往日不同，有的同志猜想可能是毛主席要接见我们。我们坐候了约一刻钟时间。果然，毛主席从舞台边幕中间走出，江渭清等省委领导同志陪同在后。顿时，会堂沸腾起来，大家站起来起劲地鼓掌。毛主席迈着稳健的步伐走到主席台前，省委一位领导同志拿起话筒请毛主席讲话。毛主席操着浓重的湖南口音讲了两句话："团结起来，努力奋斗，克服困难，争取胜利。"会堂再一次爆发雷鸣般的掌声。

明代的吴承恩以连云港花果山为背景，写出中国四大古典文学名著之一《西游记》的来龙去脉，我是在这一次毛主席接见后才得知的。当时据说担任团中央第一书记的胡耀邦同志去上海开会前请示毛主席。毛主席嘱咐胡耀邦同志在上海会议结束后，顺便路过连云港看看孙猴子老家，并告诉他：身处封建时代的吴承恩怀才不遇，只做到七品芝麻官，晚年境遇凄凉，到南京写字为生。后来，隐居连云港云台山脉，以花果山为背景写了《西游记》。

见到毛主席时间最长的一次是在1962年初，中央召开的扩大的中央工作会议（即七千人大会）上。新中国成立以后，我们党顺利地完成了社会主义三大改造和第一个五年计划，经济建设发展形势很好。可是后来头脑发热，产生了急于求成的思想，一哄而起，刮起了"五风"（干部特殊化风、生产瞎指挥风、"共产风"、强迫命令风、浮夸风）。由于发生这些错误，以及自然灾害和帝国主义的经济封锁，1959—1961年三年时间，国民经济发生严重困难。为了总结新中国成立以后12年的工作经验，尤其是后四年的经验教训，党中央召开了由省、地（市）、县和重要厂矿党委主要负责同志参加的七千人大会。

七千人大会由毛主席亲自主持，主席台上十面红旗衬托着马克思、恩格斯、列宁、斯大林的挂像。毛主席、刘少奇、周恩来、朱德、邓小平等中央领导同志先后作了报告。会议总结了刮"五风"的主要原因、危害及教训：一是不实事求是；二是形式主义；三是官僚主义。毛主席首先针对强迫命令风，着重讲了民主集中制的问题。毛主席在讲话中，带头作了自我批评，说我们这几年工作中的缺点、错误，第一笔账首先是中央负责，中央又是我首先负责。同时指出，社会主义建设，从我们全党来说，知识都非常不够。在提出社会主义建设总路线以后的一段时间内，我们还没有来得及，也没有制定一整套适合情况的具体方针、政策和办法，因为经验不足。在这种情形下，干部和群众，还得不到整套的教材，得不到系统的政策教育，也就不可能真正有统一的正确的认识和行动。要经过一段时间，碰过一些钉子，有了正反两方面的经验，才有这样的可能。现在好了，有了这些东西，或者正在制定这些东西。这样，我们就可以更加妥善地进行社会主义革命和社会主义建设。毛主席在阐述关于认识客观世界的问题时说：我们对于客观世界的认识，要有一个过程。先是不认识或者不完全认识，经过反复的实践，在实践里面得到成绩，有了胜利，又翻过筋斗，碰了钉子，有了成功和失败的比较，然后才有可能逐步地发展成为完全的认识或者比较完全的认识。到那个时候，我们就比较主动了，比较自由了，就变成比较聪明一些的人。自由是对必然的认识和对客观世界的改造。只有在认识必然的基础上，人们才有自由的活动。这是自由和必然的辩证规律。所谓必然，就是客观存在的规律性。在民主革命时期，经过胜利、失败，再胜利、再失败的两次比较，我们才认识了中国这个客观世界。对于建设社会主义的规律的认识，也必须有一个过程。必须从实践出发，从没有经验到有经验，从有较少的经验，到有较多的经验，为着认识建设社会主义这个必然王国，逐步地克服盲目性、认识客观规律，从而获得自由，在认识上出现一个飞跃，最后到达自由王国。毛主席还讲到1961年同蒙哥马利元帅会见时的谈话：蒙哥马利说，再过五十年，你们就了不起了。我说，建设强大的社会主义经济，在中国，五十年不行，要有一百年，或者更多的时间。在你们国家，资本主义的发展，经过了好几百年。16世纪不算，那还是在中世纪。从17世纪到现在，已经有360多年。在我国，要建设起强大的社会主义经济，我估计要花100多年。

毛主席在七千人大会上的讲话长达两个多小时，讲话使我们进一步加深了对党的路线和党的作风的理解，增强了建设强大的社会主义国家的信心。尤其是毛主席诚恳地自我批评，使我们从内心感到毛主席的伟大，感到自己身上的重任。会议充满了民主气氛，大家有什么说什么，各级领导在总结了本地区本单位的工作经验教训的同时，都作了自我批评。会议期间，毛主席和中央领导同志在中南海分批接见全体与会人员。接见时，我们江苏代表团被安排在毛主席、刘少奇、周恩来、朱德、邓小平等领导同志的身后合影，留下了历史性的纪念。而整个会议期间毛主席的崇高形象在我脑海中更留下了永远不可磨灭的记忆。

领袖胸怀连寰宇

李元

南京东郊，巍巍紫金山第三峰的苍松翠柏中，耸立着数个硕大的银白色圆顶，在阳光照射下，圆顶熠熠生辉，闪现出耀眼的光芒。这里就是闻名于世的紫金山天文台。

50年代初，我就在紫金山天文台从事天文工作，并担任台务秘书，经常接待来宾参观访问，国内外名人以及广大群众、学生来台观光和学习者难以计数，然而最使我久念不忘的，是1953年2月23日毛泽东主席在陈毅同志陪同下到紫金山天文台视察参观的情景，即使在40年后的今天仍然历历在目。

中央首长是谁

1953年2月23日，春节才过不久，南京的天气还相当冷，天文台上就比山下更冷一些。那一天是多云天气，山腰并无云雾，山下景色尽收眼底。

大约在上午10点钟，孙克定副台长接到中国科学院南京办事处电话通知，说下午有重要领导同志来参观，要台里认真做好接待准备。

不久，孙副台长就把我叫去布置了接待任务。快到中午时分，办事处的汽车把水果、糕点、鲜花都派专人送到，这样隆重的安排是前所未有的，因而更增加了一点神秘的气氛。台领导随即召开了全体职工会议，由孙副台长宣布注意事项，他说："今天我们接到南京办事处的通知，下午有中央首长来视察参观，我们要认真做好接待工作。到时由我和李元同志陪同参观，大家都在各自的岗位上工作，不要随便走动，以确保接待任务的完成……"当时同志们心里都装着一个问号：中央首长是谁呢？

毛主席来了

下午两点钟左右，几辆吉普车开上山来。我们几个做接待工作的，目光都集中看吉普车的方向，真不敢相信眼前出现的一切，那不是毛主席吗？我顿时感到无比的喜悦和兴奋。这时毛主席在陈毅同志的陪同下已经走过来了。陈毅同志往前走了一步，向毛主席介绍说："这一位是孙克定同志，他以前在老区就搞自然科学工作，现在担任天文台的副台长。"毛主席用右手指在手心里写了一个孙字，问孙副台长是这个孙字吗？孙点头说是。毛主席又说："是哪一位科学家担任台长？"孙副台长回答："是张钰哲，他现在去了北京，参加中国科学院访苏代表团的准备工作。"主席又问："他是在哪里学天文学的？"孙答："是在美国芝加哥大学读天文学，得博士学位。他还发现过一颗小行星，是中国天文学家发现的第一颗小行星，照国际天文学界惯例，由发现者定名，因此张钰哲就把这颗小行星起名为'中华'。"略停后，孙接着说："今天就由李元同志来担任讲解工作，他是这里的台务秘书。"我立刻上前一步，毛主席和陈毅同志都和我握了手。我激动得心怦怦地跳，是啊，一个 28 岁的青年人，居然能和毛主席握手，并且还要为他讲解天文，这真是莫大的荣幸。主席还问了我的名字怎样写，他是那样的平易近人，使我的紧张情绪得到不少缓和。

我们先请主席在接待室里休息一下，刚刚在沙发上坐定，主席看看那摆在茶几上的水果和茶点，立刻就说："我来就是要看看，我不是来休息的。我们先到哪里去看？"我说："现在可以使用的是一架20厘米的望远镜，请主席先去看看。"接着我们走出接待室，下了台阶向着一个圆顶室走去。到了门口，上面写着"赤道仪"三个字，主席问："什么是赤道仪？"我答："赤道仪就是一架望远镜，是按赤道式装置的。"

老天和我作对

进了赤道仪室，登上螺旋式的楼梯就进入天文观测室，这里有一架口径为20厘米的天文望远镜，我首先把天窗打开，边开边说："天文台的圆顶室内部都装有天文望远镜，观天的时候先要将天窗打开。"随着天窗慢慢地启开，主席幽默地说："我们这是打开天窗说亮话喽！"大伙都笑了起来，我也感到轻松了一些。我接着介绍说："打开天窗后，还要旋转圆顶，露出我们要观测的天空。"我随手推动一个木柄，圆顶转动了，发出隆隆的响声。这时陈毅同志风趣地说："天旋地转喽！"主席向站在他旁边的孙副台长问道："这架望远镜有多大倍数？"孙答："天文望远镜是论镜头的直径，不像一般望远镜论倍数。"我接着说："比如这一架望远镜前面的这个镜头叫物镜，直径是20厘米，光线通过镜头折射到人的眼睛里，我们就是用后边这个叫目镜的小镜子来观测星球，所以叫作折射望远镜。"主席问："这架望远镜能放大多少倍？"我说："天文望远镜的放大倍数是可以变化的，用不同的目镜，可以有不同的倍数，这架望远镜有好几个目镜，可以把星象放大几十倍到几百倍。不过因为空气在抖动，所以倍数越大星象就越抖动，反而看不好。所以看不同的星球要选择不同的倍数。"陈毅同志说："我们军用的双筒望远镜最大的只能放大15倍到20倍。"我又说："这架望远镜夜晚可以观察星星和月亮，白天可以用来观测太阳。因为太阳光太强，直接去看要烧坏了眼睛，所以要用投影的方法来看太阳，把太阳的像投射在目镜后面木板的白纸上，就能看了。我们每天都要观测太阳黑子，就是太阳上出现的黑点子，它的出现和地球上的许多物理现象都有关系。"主席说："那就请你给我们看看太阳黑子吧。"我立刻移动望远镜，好让太阳的光线射到望远镜的镜筒里面。但是，天上已布满了云，等了一阵也不见太阳的踪影，于是我说："很对不起，现在天阴了，云层也厚，没有办法看到太阳。"主席那湖南口音很有韵调地说，"我今天来看太阳黑子，老天和我作对！"这句话又引起一番笑声，气氛更加活跃，我也毫无拘束之感。接着我就邀请主席下楼去看天文照片。

彗星空虚得很

楼下布置了20张天文照片，对各类天体从近到远都有扼要的文字说明，首先我指着九大行星和太阳大小比较图对行星一一介绍，说到金星就是"东有启明，西有长庚"的那颗星，陈毅同志插话："启明星和长庚星原来它俩是一颗星，当年行军打仗时，我们还经常看到呢。"主席笑着对陈毅说："陈老总也算得是半个天文学家喽。""主席见笑，它（指星星）认得我，我哪里晓得它，奥妙得很呢！"当我指着地球和太阳火焰（日珥）的大小比较时，主席说："这真是一个小小的地球啊！"我又指着一张日全食照片说，它是1941年9月21日我国天文学家冒着日本飞机的轰炸从昆明到甘肃临洮拍摄的。我国历史上有世界最古和最丰富的日食记录,这是我国境内拍摄的第一张日全食照片。主席对这很感兴趣,说使他回忆起那次的日食,陈毅同志和孙克定同志说也记得那次日食,因为那是发生在抗日战争最艰苦的年代。主席问那张照片是谁拍摄的,我回答说就是张钰哲台长,主席点头说:"很好,很好。"一张哈雷彗星的照片使大家很感兴趣。我说:这是1910年也就是辛亥革命前一年出现时的照片,它每76年出现一次,下次将在1986年出现。我还说彗星总是背着太阳的,它的尾巴是太阳光的压力所造成的,有的彗星足有几百万公里长。主席接着说:"彗星看起来是个庞然大物,其实空虚得很!"主席这句生动而又富于幽默的话使气氛显得更加活跃。我即刻接着说:"彗星的质量是很小的,所以1910年5月,哈雷彗星的尾部虽然扫过地球,但地球上平安无事。"话音未落,主席就说:"幸亏它质量小,不然这个扫帚星早就把我们的地球不知道扫到哪里去了!"这又引起了大家的一片笑声。

我又指着银河的照片说,恒星的距离都是用光年来计算的,一光年就是光走一年的距离,大约为10万亿公里。银河系的直径大约有10万光年。主席笑着说:"真是天文数字!"我又指着另一张照片说:"这是仙女座大星云,从这张照片上看得出这个星云在运动着和旋转着,这好像我们太阳系当初形成时的模样。"主席对这特别感兴趣,他兴致勃勃地讲起了太阳系起源的各种学说,还问我是否知道不久前英国海登关于太阳系起源的又一种新学说。我心里暗暗地想,主席真是学识渊博,令人敬佩!

我们要造更大的望远镜

走出赤道仪室,孙副台长向主席说:"请主席去看一看另一架更大的望远镜,不过现在还在修理中。"在路上主席问了这个天文台的历史，孙副台长回答说，紫金山天文台建成于 1934 年，主要的望远镜都是从德国著名的蔡司工厂进口的，当时这个天文台是东亚最大的天文台，设备也最新，抗日战争爆发后，天文台被迫迁往昆明，只带走了最重要的大望远镜镜头以及图书资料。在战争中天文台被严重破坏，最大的 60 厘米望远镜还一直不能使用。主席一直很认真地听着。

来到大台，我向主席介绍说这是一台反射式天文望远镜，反射镜面的口径有 60 厘米，当年初建成时，还是东亚最大的天文望远镜。主席听后和陈毅同志说，我们要尽快把它修好使用，将来我们还要制造比这更大的望远镜。主席的关怀和指示使天文台的同志受到极大的鼓励。陈毅同志也向主席表示，等他回到上海后，要请华东工业部来协助修理好这台望远镜，使它早日投入工作。

要它们为人民服务

听说紫金山天文台还陈列着几架古代天文仪器，主席也很感兴趣，于是我们先走到离大台最近的一个铜制天球仪旁。我说这是一架小型天体仪，直径大约 1 米。原来那一架更大的天体仪放在北京古天文台上，后来被八国联军抢走后，于是造了一台直径只有原来一半的这台天体仪应急。孙副台长说：立体的东西，体积是按直径的 3 次方来计算的，所以直径折半，体积只有原来的 1/8。毛主席感到说得明确，点头称是。我详细介绍了这台天体仪（也叫天球仪）可以演示当夜星空出没情况，还可以演示不同季节太阳在星空的位置、出没时间和方位等等。还把天球上镶嵌着的北斗七星、牛郎星、织女星指给主席看。这时随行的记者立刻拍下了这一难忘的镜头，后来这张照片在许多报刊上发表。

我们在著名的浑仪面前停留下来，这是一架高大的天文仪器，4 条龙托着几个巨大的圆环，用来观察星球的位置。它是在明朝正统二年，公元1437年制造的。比起现代仪器来虽然比较粗糙，但他的科学原理还是正确的。我站在浑仪之中，转动圆环表演如何观测。我还介绍了它的创伤史。1900年八国联军侵略北京时，德法两国平分了北京古观象台上的古代天文仪器。德国侵略者还把这架浑仪和另外几架仪器运往德国，陈列在皇宫里。第一次世界大战结束后，根据巴黎和会上的决定，才在1921年把中国古代天文仪器归还中国。1931年随古物南运，将浑仪、简仪等七件古代天文仪器迁移到紫金山天文台上。抗日战争期间，古代仪器又受到了破坏，至今伤痕累累，许多龙爪都被砍断。主席听后指示说："今天回到劳动人民手中，要好好为人民服务，而且要赶快把它们修好。这些往事，也要说给人们听听，受到教育。"

我们绕过子午仪室走到另一架大型古代仪器——简仪的旁边。我介绍说："这架仪器叫简仪，也具有浑仪的功能，但是在结构上有所改进，观测起来更为简便。这是元朝天文学家郭守敬所设计的。这两台仪器都有500多年历史了。"主席仔细看了我用简仪所做的观测演示，很为关心地说："为什么不给它们盖个亭子保护起来，长年风吹雨打不是容易损坏吗？"我答道："几百年来就是这么放着，它的表面已经形成了一层保护层，不大要紧。"主席点点头说："这些都是国宝啊！要仔细保护好。"孙副台长忙说："我们一定注意保护。"

我又请主席走到另一件古代仪器旁，说这叫圭表，是安装在正南正北的子午线方向上，用中午太阳的影长定节气和一年的长短。我指着这两台古代仪器中间的子午仪室，介绍安装在子午圈上的子午仪，就是在夜晚精密测定恒星经过子午圈的时刻，用来校正钟表。精密的天文钟安装在地下恒温室内，异常精确，广播电台的报时，就是根据天文台提供的时间信号而发布的。所以天文观测对于国计民生都有实际的意义。再说定节气、编历书以及航海、航空、测量所依赖的天文年历也都是天文台的工作。主席听后说："我们要多向群众介绍科学知识。"

天堡城上论古今

看完古代天文仪器之后，来到紧靠简仪的南面的一个小山头。陈毅同志说："这里就是当年太平军和清军浴血激战的天堡城，主席是不是上去看看？"于是主席健步登上了天堡城。非常熟知中国历史的主席对大家说：三国时候，诸葛亮就对孙权说过"钟阜龙蟠，石城虎踞"的话，用以概括金陵形势。"龙蟠虎踞"就是指紫金山像条龙蜿蜒而来，南京城像老虎似的蹲在那里。今天这个形势依然如故。主席还说："天堡城地势险要，是保卫南京的前哨阵地，当年太平军与曾国藩展开血战，坚持了两年多，真不简单。如果当年洪秀全能不计较一城一地的得失，情况就会好得多了。"主席还讲到南京古名石头城，孙权建都于此，称建邺，在接近长江一带的地方还有石头城的遗址。主席俯瞰古老的南京城眺望远处浩渺的大江，纵论古今，正兴犹未尽，罗瑞卿同志感到凉风阵阵，有些寒意，遂关心地说："时间不早了，该下山了。"大家方才跟随主席缓步走向吉普车。

天外来客

路上我忽然想起，不久前收到江苏如皋县送来的 1952 年 4 月 1 日陨落的那块陨石，是一位"天外来客"，何不让主席看看。听说有块陨石，主席很感兴趣地催我们快去拿来。这是一块不规则形状的灰黑色石块，重约 5 公斤。由于它高速穿过大气层，很高的温度把表皮烧焦熔化，所以有一层灰黑色的表皮，而且还有坑洼的气印，这些都是典型的陨石特征。主席把这沉甸甸的陨石拿在手中，仔细端详，然后对大家说:"天体都是物质的,陨石就是一种物质。恩格斯曾经说过,世界的真正统一性是在于它的物质性。"毛主席就以陨石作例深入浅出地向大家指出了这个辩证唯物主义哲学的基本原理。随后我又把一本《天文图画册》送给主席,其中就有刚才看过的那些天文照片。我还把一本《大众天文》杂志送上,其中刊登了我写的《人民的紫金山天文台》一文。主席都很高兴地收下了。

将近两个小时不知不觉过去了。临行前,毛主席与孙副台长和我亲切握手,致谢告别,然后登上了一辆吉普车,陈毅同志也同车而去,随着他们的挥手示意,车已驶向下山的路途,而给我们留下的,是令人永远不能忘怀的深刻印象……

(孙克定协助修订)

主席要见我这个农民出身的县委书记

沙克

1953年2月，我在南京参加中共江苏省委扩大会议。22日晚，扬州地委书记周泽通知我，要我明天到省委向中央领导汇报工作，并要我做好准备。第二天中午，省委办公厅的同志来招待所通知我，让我准备去见毛主席。听到这个突然而来的好消息，我高兴极了，心想，能受到毛主席接见，这是我多年的愿望，这愿望今天就要实现了！可是思想上又有些担心，向毛主席汇报工作，汇报什么呢？主席会问什么呢？经过考虑，我想还是有什么说什么，主席问的，知道的就回答，老老实实地汇报。

我到了省委，江渭清同志对我说："你见到主席要汇报工作呀。"我说没有准备好，不知汇报时是否可以拿小本子？江答可以。于是，我就在省委小会议室抓紧翻阅材料，作汇报准备。这时秘书长欧阳惠林同志来催促我说："快！快！见主席去。"跟着又来一位同志带我上了小汽车，经新街口往中山陵方向驶去。

我到中山陵园广场时，见毛主席正在陈毅、谭震林、江渭清、罗瑞卿等同志陪同下，开始沿着中山陵牌坊下的平台向前走。主席边走边和大家亲切交谈。游览人群中最敏感的是青年学生，他们惊喜地说："那不是毛主席嘛！"有的人情不自禁地拉开嗓门高喊"毛主席万岁！"，主席挥手向群众致意。顿时，《东方红》的歌声和欢呼声、鼓掌声汇集在一起，响遍了中山陵园。游览的群众像潮水般从四面八方涌向中山陵台阶，簇拥着毛主席向前行进。我见到这样的场面，心情万分激动，跟着毛主席跨着一级级台阶，向中山陵堂走去。

当毛主席晋谒中山陵堂时，站在中山陵台阶前的群众都巴望着等待主席出来，大家都目不转睛地盯着中山陵顶端。当主席走下来时，群众中又响起了雷鸣般地热烈掌声和欢呼声，直到毛主席登上汽车向西南方向驰去。而我只顾着和群众一起欢呼竟忘记了来时乘的小轿车的号码，因而找不到车，又不知道主席往哪里去了，心里急得团团转。这时从西南方向飞也似的来了一辆小轿车，从车上跳下一位不相识的青年同志喊着，"哪一位同志是泰兴县委书记？！"我立即答应。那位同志说："主席在问县委书记来了吗，这一问可把我们急坏了，赶快开车来找，你以后就乘这辆车，不能再走丢啦。"我立即与他一起登上车走了。

主席离开中山陵，稍事休息后，便又在华东局和省委负责同志陪同下，去了明孝陵，游览群众早已在孝陵卫门前两旁等候见毛主席。主席刚一下车，群众中便响起阵阵鼓掌声、欢呼声，主席边挥手致意，边缓缓迈步前进，群众以目相送。主席走到孝陵的中间那幢房子前，边端详正中挂着的明太祖朱元璋的画像，边向两位陵园工作人员详细地询问情况，给我的印象是他老人家对古人也是很尊重的。而后，主席登上孝陵墓顶，观看了孝陵全景，并和身边陪同的同志照了相。

毛主席从明孝陵下来又到紫金山天文台视察。因为爬山的汽车少，我和省里的部分同志只好在山脚下等候。主席在陈毅等陪同下坐汽车登山去天文台。这时，又来一群工人，在山脚下要求见毛主席，不肯走。大约一个多小时后，主席从山上下来了，省委负责同志即把工人要求见主席的事，告知主席，并建议主席乘车到工人面前下来见一见，主席不同意，执意步行来到工人们中间和大家见了面。

回到住地，省委负责同志为了照顾主席的身体健康，让主席回卧室休息。谭震林、江渭清、萧望东、管文蔚等同志便和我聊起泰兴县的情况。泰兴是老革命根据地，著名的黄桥决战和苏中"七战七捷"首尾两仗都是在泰兴境内打的，许多革命烈士的鲜血洒在泰兴的土地上。建国后，泰兴人民在党和政府领导下，发扬革命传统，通过艰苦奋斗迅速恢复了国民经济，为尔后的社会主义改造和建设打下了基础，创造了有利条件……谈到这些，我就总有说不完的话。我们正谈着，罗瑞卿等同志也来了，又谈了一会儿，有通知说主席叫我们去，大家一起到了主席的会客室。略坐片刻，主席进来了，柯庆施指着我向主席介绍说："这位就是泰兴农民出身的县委书记。"主席和我亲热地握了手，我终于实现了和主席相见的愿望，心里感到无比幸福！

接着，毛主席邀请大家一同入席吃晚饭，我的座位紧靠在毛主席右侧，主席端起酒杯，从我开始和同志们一一碰杯，大家一饮而尽。主席亲切地问我："你打过游击没有？"我答："抗日战争、解放战争都打过游击。"说完，我端起酒杯，怀着无限崇敬的心情站起来对主席说："敬主席一杯酒，祝主席身体健康！"主席和我碰杯同饮而尽。这席晚餐，不过四菜一汤，有点湖南的辣味，真是吃得高兴，谈得愉快。我出生在泰兴县一个贫苦农家，在党的多年教育、培养下，从一个普普通通的农民走上了乡、区直至县级的领导岗位，今天见到了伟大领袖毛主席，能同主席握手，同桌吃饭，共同碰杯，感到无上的光荣！

晚饭后，主席召集大家开座谈会。参加会议的有谭震林、柯庆施、江渭清、管文蔚和我。这个座谈会开得生动活泼，时间虽长，却又感到很短，说话的内容从党内到党外，从国家到地方，从政治到经济无所不包。会议开始由柯庆施介绍江苏工作情况，主席不时插话，关切地询问华东和江苏的具体情况。

当谈到人口时，主席问我，"你们县里有多少人口？"我答："一百零三万。"

当谈到江苏水利情况时，省里的领导同志说，"当年的抗日沟，不但起了隐蔽自己，打击日寇的作用，现在还起到了排水灌溉的作用，发展农业，抓水利建设是很重要的。"主席问我："你那里什么土质？"我答："沙土地。"主席又问："是否都是平原？"我答："都是平原。"又问："是哪里来的？"我答："靠长江边涨起来的。"

在谈到江苏土特产时，大家谈到养猪多，利于促进农业生产的事。江渭清指着我介绍说："他们那里有四句话。"主席问："哪四句话？"我回答说："泰兴有'种田不养猪，秀才不读书，养猪不赚钱，回头看看田。'意思是，养猪很重要，种田必须养猪，猪肥多了，庄稼长得好，可以多打粮食。"主席没有完全听懂我的话，我重说了一遍，他听了饶有兴趣地笑起来。建国后，主席十分重视养猪事业，我们泰兴的养猪业也得到很大发展，这不仅促进了粮食生产，而且改善了人民生活。

在谈到江苏粮食征购任务和查田定产问题有强迫命令的偏向时，主席说："查田不是查命，搞不好，不算数，要准备五年搞好。"主席又说："在中央征购粮的计划基础上进行调查、指导和定产，党委要起政治部的作用，弄不好，要作检查。"

在谈到江苏省委召开扩大会议，解决干部作风问题时，主席问我："会议开多少时间？"我答："开了半个多月了。"主席问："开得好不好？"我答："开得很好，解决了很多问题，思想上感到有收获，会议等于一面镜子，把我们的毛病都照出来了。"主席问："你查了几条？"我答："官僚主义是主要的。"主席又问："过去开过这样的会议没有？"我答："没有，希望今后多开几次。"从主席的话中，我感到主席非常重视党的思想作风的整顿，建国初期，正是由于各级党组织和党员领导干部克服了骄傲自满情绪和官僚主义、命令主义的作风，密切了党群关系，党内党外，上上下下，团结一致，才保证了国民经济迅速恢复和各项任务的完成，这是永远值得记取的宝贵历史经验。

在座谈会上，大家还谈到全党和全国的许多大事，如党的八大准备、人代会选举、第一个五年计划制定、新"三反"等等问题，谈得很热烈。正谈着，陈毅同志来了。他说："现在已是下半夜两点钟了，大家要我来说一声，主席今天疲劳了，请早点休息。"主席说："没有关系，陈军长你坐下来谈谈。"因为没有沙发可坐，服务员即端来了一张木椅，我立即站起来让出沙发要坐到木椅上去，陈军长不同意，说："我坐。"主席站起来说："我来坐。"陈说："我坐。"主席和军长互相谦让要坐木椅。主席最后说："我当主席呀。应当我来坐，你坐沙发。"陈军长不肯，抢坐到木椅上，主席才又坐到沙发上。这时的我，一直站着，看到主席和军长这两位既是上下级又是老战友之间互相谦让的亲切场面，心中油然涌起一股暖流，深深感到革命队伍真像一个温暖的大家庭。大家又继续对党和国家的大事谈了一会儿，大约到了凌晨三点，同志们几乎同声说："主席好好休息了。"这时主席才拿出铅笔和十六开的白稿纸说："好吧，就是大家谈的几条，把它记下来。"我们看着主席亲自把刚才谈话的要点写了下来。最后，主席宣布说："今天就谈到这里结束。"

毛主席的接见是我平生最幸福的一件大事，对我教育实在太深了。他那种所到之处总要尽可能更多地直接接触基层干部群众，深入调查研究的作风，平易谦和的慈祥形象，使我终生难忘。

一定要建立强大的海军

赵克舜

1953年2月22日凌晨3时，从武汉顺流而下的海军"洛阳"号军舰徐徐地驶向南京的下关码头。3时半，从军舰上走下了伟大领袖毛泽东主席。他在前三天对海军舰艇部队进行视察以后，又在晨曦中，换乘汽车，开始了对南京的视察。

2月24日下午，毛主席结束了对南京城里几个单位的视察后，又在陈毅等领导同志的陪同下，回到下关码头，继续对海军舰艇部队进行视察。当时停靠在码头的五艘海军舰艇满旗高挂，首尾相接。就在主席到来的一瞬间，"黄河"号登陆舰吹起了海军银哨，"广州"号护卫舰响起了军号，"南昌"号护卫舰把一面鲜艳的五星红旗升上了军舰的主桅顶。主席红光满面，迈着稳健的步伐，经过"黄河"号军舰所靠的码头，左转向"广州"号军舰走去，同前来迎接的军区海军各级领导干部一一握手。

主席登上了"广州"号军舰，从左舷走上了前甲板，看了看主炮，然后向着"南昌"号军舰走去。这时，主席的警卫员看到两舰间的跳板随着江浪起伏，上下晃动，急忙跨过跳板，转身准备搀扶主席。主席微笑着摆摆手，大踏步地走过跳板，登上了"南昌"号军舰。

北风劲吹，江水滔滔，细雨霏霏，仿佛是在替主席洗尘。毛主席来到了舱室和各个战位看望水兵们，领袖的热情关怀像暖流沁入水兵的心田。主席来到舱尾，看到紧靠"南昌"号军舰的两艘鱼雷快艇时，兴奋地问："是鱼雷快艇吗？"身边的同志回答说："是鱼雷快艇。"鱼雷艇分队长高东亚站在驾驶台前的鱼雷发射管上，最先看到了毛主席在陈毅、罗瑞卿、张爱萍、王宏坤、陶勇等同志的陪同下向快艇走来。他向主席敬举手礼，激动得热泪盈眶，连报告词都说不出来。陈毅同志在一旁乐呵呵地说："不要紧张嘛，慢慢说。"主席则微笑着用手抚摸着下巴上的那颗黑痣，和蔼而又期待地望着高东亚。在这融和的气氛里，高东亚鼓起勇气报告说："主席同志，中国人民解放军华东海军鱼雷快艇第一大队一分队接受你的检阅。"报告后，主席伸出手来，高东亚双手紧紧握住毛主席宽大的手久久不放。主席关切地问："艇上生活苦吧？"高东亚挺直身子说："现在已经习惯了。"主席鼓励大家说："好，要多多锻炼。"这时，主席十分高兴，回过头来跟陈毅等同志说："我要上艇去看看。"由于当时舰艇舷高之差，上下鱼雷艇很不方便，而且鱼雷艇在江面上上下颠簸，陈毅担心主席的安全，连忙说："我已经看过了，你就不要上去了嘛。"主席仍坚持说："我上去看看，为什么不行？"说着便举步欲往。罗瑞卿当时负责主席的警卫安全，急忙阻止道："不行啊，主席，这是纪律。"主席不无遗憾地笑着说："那就服从纪律吧。"他边说边向鱼雷艇挥手致意。表演开始，两艘鱼雷艇像离弦的箭一样飞速向东面驶去。主席乘坐着"南昌"号军舰，向燕子矶方向前进。在细雨中，主席站在前甲板上，兴致勃勃地观看着鱼雷艇的表演。鱼雷艇 101、104 一会儿纵队，一会儿横队，在江面上犁起一道道银色的浪花。

雨越下越大，主席走进了会议室，在木质转椅上坐下，听取有关负责同志的工作汇报。主席不时地提出一些关于海军建设中的问题，并作了许多重要指示。主席得知"南昌"号军舰的舰员也同"长江"号、"洛阳"号军舰一样，大多是从陆军调来的，便关切地问："同志们都安心海军工作吗？"舰长曾泉生告诉主席说："他们现在已习惯了，都愿意干海军。大陆已经解放了，都希望能参加解放台湾。"主席接过话题，语重心长地说："还有帝国主义哩！"接着主席给大家讲了自鸦片战争以来帝国主义侵略中国的罪行。他指出："我们国家穷，钢铁少，海防线很长，帝国主义就是欺负我们没有海军，一百多年来，帝国主义侵略我们大都是从海上来的"，告诫指战员们不要忘记这一历史教训。

主席还询问海军的一些领导同志说："你们出过海没有？"有一位同志回答说："出过海。"还有两位同志说没有出过海。主席说："你们是海军了，干海军就要不怕风浪，一定要到大海里去锻炼。"

主席听说海军部队是由陆军干部战士、知识青年、原国民党海军人员组成时，便关心地问："几个方面的关系相处得好吗？"在得到肯定回答后，他赞许地说对原国民党海军人员要多从政治思想上帮助，团结他们，共同为人民服务。

主席十分关心舰艇部队的物质生活情况。他说："在海上生活，体力消耗大，应该有足够的营养，以保证他们的健康。"主席也很关心从陆军调来的老同志的学习情况，对"南昌"号军舰上的一些同志说："我听你们萧劲光司令员讲，有人瞧不起你们，说你们是土包子，不能干海军。我说没有关系，我们有高度的阶级觉悟，有丰富的战斗经验。过去我们爬雪山、过草地都过来了，遇到这么点点困难还不能过来？！"听了主席鼓励的话，会议室里响起了阵阵掌声。主席又问他们对海军技术学得怎么样？当听到"不论干部战士，基本上都掌握了技术"的回答后，他高兴地说："好，好，好。要边学边用，边用边学嘛。没有文化的学文化，没有技术的学技术，技术也是可以学会的。我们建设人民海军，就是要靠政治思想好又有技术的人。"

主席对海军武器装备的情况十分关心，仔细地询问了当时造船工作的情况。当了解到军舰所需要的技术装备还不能自给时，就意味深长地说："我们可以自己制造嘛，光靠人家是不行的，海军的建设一定要放在自力更生的基础上。"当听说有人认为海军技术装备复杂，我们又没有建设海军的经验，要全盘地不走样地向外国学时，主席说："要学习外国的先进经验，但是，不要认为什么都是外国的好。海军是有自己的特点的，但是不能强调海军特殊。我军好的传统要发扬，不能丢！"

主席在同干部的亲切交谈中，还多次询问海军同人民群众的关系。他说海上也有群众，渔民就是群众。要依靠渔民，不要脱离群众。要到渔民中去，和渔民打成一片，一定要搞好军民关系。

主席还与干部们进一步谈到海上作战的战略战术运用。对于作战原则，说到事物不是静止的，战争也是在发展的，任何时候都不要机械搬用，需要因时因地灵活处置。

会场上的气氛活跃，人们深情地认真地聆听着主席的教诲。就在这小小的会议室里，主席阐发了关于建设强大人民海军的光辉思想，为海军建设指明了方向。

毛主席与大家亲切交谈后，又登上了"南昌"号军舰的驾驶台。在驾驶台上，"南昌"舰舰长曾泉生告诉主席说，这艘军舰原来是1949年9月19日起义过来的国民党海军"长治"号。曾泉生还把"南昌"舰航海长、当时起义的主要领导人、原国民党海军下士陈仁珊介绍给主席。主席关切地询问了陈仁珊的情况，当得知他进步很快，已入了党时，主席愉快地同他紧紧地握手。陈仁珊心潮起伏，回想起起义后主席给"长治"号全体官兵的电报内容，又亲眼看到了毛主席对自己的关怀和鼓励，不由得热泪滚滚，决心为海军建设事业奉献一切。

"南昌"号军舰继续向燕子矶方向驶去。左前方101、104鱼雷艇穿梭往来，激起了阵阵浪花，主席频频向鱼雷艇挥手。当鱼雷艇编队在"南昌"号军舰左舷江面上飞驶时，主席走出驾驶室，在左舷信号台上，高兴地连声说："好！好！好！"

细雨伴着江风，主席衣帽被雨水浸湿了，但他的兴致不减，继续向身边的领导干部询问着海军舰艇部队的有关情况……

检阅完鱼雷艇操演后，"南昌"舰舰长曾泉生请求主席题词，主席颔首同意。在导航雷达室的桌上，端端正正放着磨好浓墨的砚台，三张重磅道林纸铺得平平整整，一支毛笔放在笔架上，主席握起笔，饱饱地蘸好墨，举腕挥毫，写下了"为了反对帝国主义的侵略，我们一定要建立强大的海军"的光辉题词，并郑重留下了"毛泽东一九五三年二月二十四日"的落款。题毕，曾泉生又告诉主席说，一起接受检阅的"广州""黄河"两舰广大指战员也想请主席题词。主席十分体察水兵们的心，高兴地说："好，好。"又提笔在手，连续书写了两张同样内容的题词。最后，主席冒雨同"南昌"舰的水兵们合影留念，留下了历史性的珍贵镜头。

下午4时许，"南昌"舰缓缓靠向浦口码头，视察结束了。临别时，主席对陈毅同志说，看到海军已掌握在可靠而年轻的干部手里，我就放心了。他走向活动码头，走几步就转过身来向水兵们挥手；他走上了引桥，走了几步又回过身来向水兵们挥手；他走上了江堤的制高点，第三次转过身来向水兵们挥手。他的深情关怀，凝结在这挥手之间，他的建设强大海军的殷切希望也凝结在这挥手之间……

毛主席首次视察海军舰艇部队到如今已40春秋。尽管这些受过他检阅的舰艇都已退役了，许多被他接见过的老同志已经离、退休了，但每当他们回想起接受主席检阅视察的光辉日子，回想起沿着他老人家指引的建军方向走过的历程，总是感到心潮澎湃，激动不已。

在飞驰的专列上

李芸华

时光飞逝，匆匆过去了 40 年，毛主席的音容笑貌，言谈举止，仍历历如在目前。

1953 年 2 月 24 日清晨，苏州市委办公室向市委书记刘中同志和我转达省委的通知，要我们俩即赴南京到省委去。我们到省委后，省委负责同志说，毛主席要见见你们，了解苏州市的情况。当得知这一喜讯后，我的心情是既盼望能亲眼见一见久已崇敬的毛主席，亲耳聆听毛主席的教诲，又担心自己来苏州才三个月，情况不熟悉，怕汇报不好。省委负责同志说，不要紧，丑媳妇总是要见公婆的。这天傍晚，我们怀着激动的心情，在南京下关火车站登上了主席乘坐的专列。走进休息室，首先见到谭震林等领导同志和毛主席身边的一些工作人员，他们和我们谈了几句，正谈着，毛席微笑着走了进来，他随即跟我们握手打招呼，并亲切地对其他同志说，你们在这里，我和苏州的同志（指刘中和我）去谈谈。我俩便跟着主席向他的工作室走去。看到主席随和的仪态，我们的拘束心情一下子平静了下来。这时火车已在缓缓向北开进，是什么时间启动的，我们当时并没有觉察。

到了主席的工作室，主席就和我们两人围着一个小方台子坐了下来。一开始主席并没有提出叫我们汇报，而是拿着一本分省地图，首先问我们的籍贯和所担任的工作。刘中同志自我介绍以后，我说我是河北省安平县人时，主席翻到了地图上的河北省，找到了安平县，在上面画了一个圈。我接着说，我是去年12月从南京市调来苏州任市长的，调来前任南京市人民政府副秘书长。主席说，叫你们来，是想了解苏州市的一些情况。苏州在历史上就是一个著名的城市，苏州的手工业是很发达的，你们苏州的苏笛、苏锣，还有苏绣、丝绸、戏装等都颇有名气，这些都是面向全国的，恢复生产对全国其他地方有影响，要抓紧生产的恢复工作。还问，现在苏州群众的生活怎么样啊？我们汇报了苏州手工业生产的恢复情况后，接着说，苏州的大工业很少，还是一个消费性城市，现在苏州有42万人口，吃饭的人很多。光车夫、保姆、茶房等等就不少，苏州解放后，这些行业都清淡了，所以一部分人生活很困难。主席说，要抓好生产的恢复发展工作，还要抓好商业、服务业、交通运输业的发展，还有苏州的园林工作等也要抓好，要逐步解决好群众的生活问题，注意向自力更生、生产自救的方向引导。

  接着主席说，苏州的文化水平很高，你们苏州历史上还出过许多状元哪！仅明清两个朝代，苏州大约出了20个状元。还说苏州的古迹、历史文物都很丰富，苏州的城墙怎么办哪？你们是怎么想的，方针、政策是什么？我们说，这个问题我们议论过，总的是城墙要拆掉，但要保存有保留价值的部分。如在建筑学上、在观赏方面有价值的和有纪念意义的部分。主席这时点了点头，并说，这些要注意保护。

  接着主席又问，你们街道工作做得怎么样啊？我说，当前主要是生产自救等，其他不太清楚。主席说，现在街道当中各种人都有，那可是一个藏龙卧虎的地方啊！要作些调查研究，把有才能的人都动员起来，发挥他们的才能，为经济建设服务。你这个市长的家可不大好当啊！特别是苏州这个地方，搞好街道工作非常重要。武汉的街道工作做得就不错，街道是宣传执行党和政府方针、政策的重要阵地。不是一部分人的生活很困难吗？对他们要救济，组织他们自力更生、生产自救。还有社会治安、爱国卫生运动、调解群众之间的关系等等工作，街道都要去做。

火车在奔驰，车外灯光一闪即逝。车内主席的谈话像一股股暖流，沁入我们的心中。

主席接着说，今天是第一个五年计划的第一年，要发展生产，搞经济建设，不是需要资金吗？要多方筹集资金，把闲散的资金都吸收起来。现在群众在银行的存钱是增加了，还是减少了？我说，最近群众在银行储蓄有下降的趋势。主席说，为什么？我说，上级银行变更规定，有对群众储蓄不够方便的地方，影响着储蓄款的吸收。主席说，这不好吧！说着把这件事记在本子上。记得此后不久，上级银行发来通知，改进了储蓄工作，到4月份银行储蓄存款就开始上升了。我想这可能是主席对这件事重视并迅速处理的结果。

谈话结束了，主席说，今天晚饭我请客。晚饭仍是三个人围着原来的一个小方台子，四样普通的菜，其中有一样是有辣子的，每人一碗红豆米饭，一盘馒头，一小杯葡萄酒。主席说，你们辛苦了，来，先吃一杯酒。我们说主席请，干杯后，主席又说，时间很晚了，你们饿了吧，指着一个辣子菜说，你们吃不吃啊？不敢吃就吃别的。我们说谢谢主席关怀！吃饭当中，主席还说，现在群众生活还很苦，我们要认真解决人民的吃饭穿衣问题。我和刘中同志都表示一定牢记不懈。

晚饭后，主席送我们到休息室，大家都在休息室里坐着，他还念念不忘银行储蓄工作，就问大家在银行存了多少钱。有的说10元，有的说8元。当问到谭震林同志时说，谭老板你在银行存了多少钱？谭震林同志说，存了30块钱，主席接着既幽默又风趣地说，哦，你可是一个"富农"啰！一句话引得大家都笑起来了。

专列到达徐州后，主席说，你们是住在这里还是就回去，要回去，由吴副部长（铁道部）给你们安排。至此，我们就向主席告辞，并说连夜回去。主席伸出温暖的手和我们握手告别了。我和刘中同志下了专列，按吴副部长的安排，连夜乘火车返回了苏州。在回苏州的火车上，主席的接见，就像一幅幅画卷，萦回在自己的脑海里，很久仍在不停地闪现着。

时间虽然已经过去了 40 年，但在主席几个小时的接见过程中，他老人家为国为民日夜操劳的情景，使我终生不能忘怀。现在的苏州比起解放初期的苏州，早已是旧貌换新颜了。已成为经济比较发达的城市。毛主席最为关心的人民群众的生活水平已大大提高，比起解放初更是不可同日而语了。党的十四大的精神正指引苏州人民向着 20 世纪末基本实现社会主义现代化的崇高目标迈进。抚今思昔，在改革开放、建设有中国特色社会主义的新形势下，当年毛主席对我们的谆谆教诲和嘱咐，仍然时时在激励着我们。

（周其禄整理）

待到杉树成林时再请毛主席来

何承业　袁仁宝　李佑斌

麦苗儿青来菜花儿黄，

毛主席来到咱们农庄，

千家万户齐欢笑呀，

好像那春雷响四方。

毛主席呀关心咱，

又问吃来又问穿，

家里地里全问遍呀，

还问咱农校办没办。

……

这首在50年代全国城乡广为传唱的"流行歌曲"，生动地表达了人民领袖毛泽东对农民群众的亲切关怀和广大农民对领袖衷心爱戴的深情。如果说歌曲所表现的是生动的艺术真实，那么，我们这里要讲的则是毛泽东来到南京郊区农村视察的生活中的真实情景。

1956年1月11日，这天天气格外晴朗，碧空万里，明丽的阳光普照着大地。

8时许，位于紫金山脚下的红光农业社的社员刚上工，有的在耕翻土地，有的挑塘泥，有的清扫猪圈。几辆小汽车忽然从山间路上逶迤开来，直到村口停下。毛主席走下车来，他身着银灰色的中山装，外套一件芝麻呢大衣，脚穿棕黄色的皮鞋，身材魁梧，器宇轩昂，健步向村里走来。

毛主席与前来迎接的红光农业生产合作社社长孙其金亲切握手，笑着问道："你是社长？叫什么名字？"孙其金一一回答。毛主席又指着挖塘泥的社员问道："那边的人在忙什么？"孙其金向毛主席介绍说，这个社原来是种粮食的，现在改种蔬菜，社员们正在挖塘蓄水，准备浇菜地用。毛主席随即迈步走上田埂，朝着挖塘的社员走去。毛主席走到塘边，女社员徐淑贞正从塘底挑泥上来，从毛主席身边经过，一抬头，认出了毛主席，她激动地怔在那里。毛主席亲切地问徐淑贞："你们挑塘泥作什么用？""挑塘泥又能积肥，塘里也能盛水更多。"徐淑贞赶忙说。毛主席连连点头夸奖："很好！很好！"

接着，毛主席又向孙其金提出了几个问题。

毛主席问："你们男女社员是不是同工同酬？"

孙其金答："是的，女社员和男社员干一样的活，就拿一样多的工分。"

"女劳力一年能得多少工分？""二百三四十个。""男的呢？""男的能得三百三十个左右。女社员比男社员出勤少些。""一个劳动日能分多少钱？一块五角九分六。"毛主席掰着指头一算，对身边同来的负责同志说："收入还不坏。"

这时还有一些社员正在邻近的田里挥起镢头刨地，他们看见毛主席大步走过来，心情很激动，镢头挥得更快了。毛主席一边看，一边微笑着点头向他们致意。

在路上，毛主席又问走在身边的社干部："你们晓得合作社的性质是什么？"这时驻社干部牛泰武回答说："是社会主义性质，按劳分配。"毛主席笑着对牛说："嗬，你还是办社专家哩！"

经过一个水塘边，毛主席问："这塘里养鱼没有？""养的。"孙其金说。毛主席满意地点点头。

毛主席来到村里的社员俱乐部，在门口见到70多岁的老木匠徐广连正在干活，衣衫单薄，毛主席关心地问他："你冷不冷？""不冷，不冷。"老徐连连回答。

这时，社员任庆和正在俱乐部里打扫卫生，室内扬起一股尘土从门窗中卷出。他看见毛主席来了，心里非常激动和紧张，就拿着扫帚站到一边去，停止了打扫。毛主席见了连忙对他说："不要紧，不要紧。"说着毫不介意地走了进来。毛主席看见橱子里有着不少书籍，桌子上还放着锣鼓、胡琴等乐器，便高兴地抽出一本书来翻看，又仔细地把它放好。在俱乐部的另一个房间里放了不少课桌，陪同人员向毛主席介绍说，这里是农民夜校，社员们晚上在这里学习文化。毛主席关切地说："要注意防寒，不要冻着大家。"毛主席又见夜校教室的墙上贴着份名单，就问这名单做什么用。社员们告诉他：这是冬防值班名单。社里养了很多猪，怕夜里有狼来吃猪，所以组织社员看夜。陪同毛主席参观的一位市委负责同志插话说，1953年，有一只狼窜进南京城，吃了一个小孩。毛主席说："嗬，野狼闹了南京城，这还得了！你们要搞好预防，保护好人民的生命财产呵！"

出了夜校，毛主席又来到村办的养猪场，有四个女社员正在清扫猪圈。毛主席推门进去，青年社员孙桂芳一眼认出了毛主席，惊喜地迎上前说："毛主席，您好！"毛主席笑着向她们伸出温暖的大手，亲切地和她们一一握手。毛主席见猪圈里小猪依偎着卧在一起，风趣地说："你们看，这猪仔好团结哟！"引得大家都笑起来。毛主席见猪场里的猪长得肥肥的，称赞社员养猪养得好。

临上汽车前，毛主席同孙其金等人在农业社的办公室前合影留念。还紧握着孙其金的手良久，对他们的工作表示赞许。

半晌时分，毛主席离开玄武湖乡红光农业社，又来到了栖霞镇的十月农业社。当毛主席刚出现在十月村的村头时，社里的两位少年飞跑着过来迎接。毛主席慈祥地拉着他俩的手，他俩情不自禁地脱口欢呼："毛主席万岁！毛主席万岁！"

毛主席一左一右地拉着两位少年的手，像慈父搀着孩子一样朝村中走去。见到社长何昌椿后主席亲切地问他，今年多大了，入党了没有，这里什么时间土改的，土改以后农村的变化怎么样？何昌椿一一做了回答。他望着毛主席和蔼的笑脸，感到那么平易近人，原有的那种紧张、拘谨的心态顿消云外。

毛主席详细地询问了办社的情况，何昌椿汇报时说到这社是他们自发办起来的。毛主席边听边高兴地笑着，并且用他那洪亮的湖南口音坚定地说："办社就是要群众自愿，群众愿意办，你们干部又肯带头办，就能办好啰！"

这时，何昌椿听了，眼睛都湿润起来。是啊，在这个山荒、地薄、人穷的山沟沟里，解放前大部分人家靠帮工、捡破烂、要饭过日子，土改以后，这里的农民第一次分得了土地，政治上、经济上都翻了身，生活有了明显改善。现在伟大领袖毛主席又亲临自己的农业合作社视察，真是和穷苦大众心连心啊，他的心情怎能不激动万分！

接着，毛主席又察看了十月村南面的土地。当时的田垄高一块低一块的，零碎而又贫瘠。毛主席一边走，一边对身边的同志说："这里要把土地平整好，将来还要准备使用机器生产。"

毛主席环顾一下四周，用手指着北面的山坡问社干部："那里有没有栽树呀？"

"新栽了一些桑树。"何昌椿回答。

毛主席兴致勃勃地说："走，我们去看看。"

毛主席健步走上山顶，早春的山风吹动着他大衣的衣襟，金灿灿的太阳普照着山山水水。

毛主席登高眺望着十月村远近的农田和坐落在周围的几个山头，

兴奋地挥动起右手，对在场社员和干部说："把四周的山都种上树多好，让荒山变果园，荒地变良田。"

毛主席看过山林，又来到社员吴帮林的家里。吴帮林每天一大早起来为合作社进城拖粪肥。这时，他刚回到家，看见家中来了客人，便迎上前去热情地说："请坐，请坐。"

"你家入社了吗？"毛主席笑着问道。

吴回答说："入社了。"

毛主席又详细地询问着吴家的生活情况，进屋看了粮囤，看了腌好的咸鱼、咸肉。吴帮林乐滋滋地说："现在我家能吃上两顿稀饭一顿干饭了。"毛主席走到灶边，看了看锅里，果真是煮的干饭。这时，吴帮林指着墙上的毛主席像，万分感激地说："托毛主席的福啊，我们一家老的老，小的小，现在不愁吃，不愁穿，年终还分了几十块钱。"吴帮林老两口眼睛不好，当时没有认出毛主席。在毛主席离开他家以后，邻居前来告诉他们，刚才来的客人就是毛主席，老两口急忙追出门外，久久地望着毛主席离去的方向，激动得流出了热泪。

毛主席来到新办的夜校，看见桌子、凳子都是用土坯垒成的。社干部汇报说，合作化以后，这里的干部、社员对文化知识的要求十分迫切，为了满足大家学习文化的需要，就因陋就简地办起了夜校。毛主席听了以后，很高兴地说："你们勤俭办学很好！"

毛主席又来到社里的牛房，看见牛房里外打扫得干干净净，社员把牛养得膘肥体壮，他满意地点点头，鼓励饲养员吴帮忠说："你养牛养得不差嘛！你这工作很重要，要好好干！"毛主席又说："今后办农业社要注意两条：一是增加生产，二是不死牲口。现在拖拉机还很少，牛是个宝贝，是搞好农业的重要生产工具哩！"

毛主席到十月村视察的喜讯传出以后，社员们纷纷从四面八方跑过来。大家围在毛主席的身边，激动地高呼："毛主席万岁！"人们不时擦拭着喜悦的泪花。毛主席微笑着，不断向社员们挥手致意。

一群下课的小学生，像小山雀一样蹦蹦跳跳地钻进人群，来到毛主席的身边。他们仰起一张张圆圆的小脸，天真地喊着："真是毛主席，真是毛主席！"毛主席听了，朗声笑着，并拉起孩子们的小手，抚摸着他们的脸颊说："这可不能是假的啊！"毛主席风趣的话语更使大家一片欢腾。

这时候，一位双脚沾满河泥的青年妇女三步并作两步地急跑过来，她拨开人群，直挤到主席跟前。毛主席向她伸出大手，只见她两眼的泪珠儿扑簌簌地滚落出来。这个旧社会的童养媳、贫农的女儿，从心窝里掏出一句最真挚的话："毛主席，你老人家好啊！"毛主席问她叫什么名字，她清脆地说："我叫余福珍！"

毛主席亲切地询问了余福珍的劳动情况和生活情况。随后，毛主席指着身边的何昌椿问余福珍："你认识他吗？"余福珍先是一愣，忽又想想，他是我们的社干部，怎么不认识呢，她笑着说："认识，他是我们的社主任。"

"他的工作怎么样？"毛主席又问。

"好，他带领我们办社。"余福珍答道。

毛主席听后，高兴地笑了说："你们社员都说好，就好嘛！"

毛主席这几句话听起来很平常，却包含着干部必须密切联系群众的深刻意义，也凝结着他老人家对基层干部和群众的无限关怀。

时间已是上午10点多钟了，毛主席挥手向社员群众告别。临上汽车，毛主席还殷切地嘱咐社干部们说，你们要努力把合作社办好，过几年我再来看你们。

在"毛主席万岁"的欢呼声中，在社员群众依依不舍的簇拥之下，毛主席上了汽车。

汽车远去了，十月村的干部群众却仍聚集在这里久久不肯离去，他们沉浸在无限的喜悦和幸福之中。

就在毛主席视察后的第二天，何昌椿带领社员来到毛主席看过的那片"粽子角""梳子背"和"油条沟",开始挥锹平整高低不平的土地,把小田连成大田。北山的荒坡上,余福珍和青年女社员们一道挥锹挖坑植树造林,并把这片山林命名为"妇女林"。在以后的岁月里,余福珍和姐妹们多少次一起给树木浇水、培土、施肥,每次路经毛主席走过的山坡时大家总深情地想念到毛主席,姐妹们心里一直叨念着:"待到杉树成林,果茶飘香时,我们再请毛主席来!"

毛主席和我们电子工人在一起

蒋广华　吴翔

　　1956年1月11日上午10时许，一辆轿车徐徐驶进南京无线电厂位于珠江路的大门，过了小桥，停在广场上。车门打开了，我们敬爱的领袖毛主席冒着寒风，来到了我们工厂。

　　毛主席红光满面，身体显得很健康，微笑着向厂办公楼走来。厂党委书记、厂长槐亚东等同志连忙迎上前去，毛主席亲切地和他们一一握手。随后，毛主席在罗瑞卿等中央首长和南京市负责同志彭冲等陪同下，视察了我们工厂。

　　毛主席首先来到机器轰鸣的一车间（工具车间）门口，他老人家欣然摘下帽子，脱去大衣，健步走进车间，亲切地向大家招手致意，并热情地问候说："同志们好！"正在操作精密镗床的工人吴展兴激动得不知说什么是好，只是一再地回答着："毛主席好！毛主席好！"毛主席细心地观看着精密镗床，关心地问："这台机床是哪个国家制造的？"陪同参观的总工程师李奉贤回答："是外国的。"主席说："哦，我们自己还不会造！"又说，"这是一部的事。"（一部指第一机械工业部）。一位工人向毛主席汇报说："据说上海已经能制造了。"主席听了高兴地说："我们国家能制造就好了。"接着，毛主席仔细观看正在进行的划线工作。主席问正在操作的吴展兴："这是干什么？"吴展兴向主席汇报划线。主席视力非常好，仔细看了以后称赞说："真行！在钢板上划花。"

这时，在旁边工作的工人刘和太一直盼望着能快点向毛主席汇报自己的工作。当毛主席来到他的镗床边时，刘和太的心情非常激动，连计算坐标尺寸的手也在不住地抖动。他竭力控制自己的感情，以最快的速度把尺寸计算好，工具定位好，然后按动电钮，刀具急速地旋转着，铁屑像银龙一样地从屑槽里飞旋出来。毛主席问，操作这样的机床要多高的技术等级？正在操作的工人是什么文化程度？是几级工？每月工资多少？工厂负责同志一一作了回答。这时刘和太把孔镗好了，毛主席认真地看了看，热情赞扬说："很好！很好！"在离开镗床车间时，毛主席还转身亲切地向工人们挥手告别："麻烦！麻烦！"

毛主席来到车床工段，女职工李琦看见毛主席向自己这边走来了，激动得两眼含着喜悦的泪花。毛主席十分关切地问道："女同志做机床吃得消吗？"李琦和大家不约而同地回答："不累。"这时她们只有一个念头：做出优异成绩向毛主席汇报，为新中国的劳动妇女争光。毛主席看到李琦紧张而有秩序的工作，便关心地问："做的什么东西？"李琦向毛主席报告："车模子里的小冲头。"接着她把图纸双手捧给毛主席看。就在毛主席伸出手来接过图纸观看时，摄影记者拍摄了这一极其珍贵的镜头。主席看过图纸后，将图纸放回原处，图纸没靠牢，倒了。主席又伸手将它放好。李琦把车好的零件送给毛主席检查。毛主席看着这又小又光的零件，高兴地说，"很好！很好！"

接着，毛主席在姚泰珊的车床旁停了下来，仔细地观看姚泰珊的操作。青年工人小姚有些紧张，把车速打得飞快，对工件进行砂光。第一次砂好后，他用环规一量，大了，套不进去。毛主席亲切地说："紧了！"小姚将工件又重新砂了一次，再量，还是嫌大。小伙子头上渗出了汗水。毛主席热情鼓励说："再来！"小姚尽力控制内心的激动，使自己平静下来，仔细进行第三次砂光，终于使工件完全合乎规格要求。毛主席颔首微笑，向姚泰珊祝贺说："胜利了！成功了！"

离开车床工段，毛主席走在过道上。这时青工李孝平弓着身子正要从地上把一块大约50斤重的工件往钳台上搬。主席看到后，立即卷起袖子，抢步来到小李身边蹲下，要帮小李搬工件。旁边的一位老师傅见了，连忙把主席扶了起来。旁边的同志一起动手，帮小李把工件抬上了钳台。工件放好后，主席亲热地拍拍小李的肩膀问道："你多大了？"小李回答说："19岁。"主席关心地嘱咐说："年纪还小，下次搬重的东西要两个人搬。"毛主席的亲切关怀，使小李感动得热泪盈眶。

在磨床上工作的年轻女工焦秀玲是个急性子，她抑制不住内心的激动，情不自禁地说："毛主席怎么不到我这里来呀！"不知毛主席是否听到了，但他老人家转过身来，来到了焦秀玲的磨床边。小焦如愿了，她的心情非常激动，连声向毛主席问好。毛主席也向焦秀玲微笑着招招手，接着就问："这是什么机床？"陪同的厂总工艺师刘世骅回答说："是磨床。"毛主席亲切地问焦秀玲："你在磨什么？"小焦向毛主席汇报说："磨的是条槽子。"主席仔细地看了凹进砂轮的工件说："哦！是一条沟。"小焦激动地答道："嗳！"又继续紧张地操作着磨床。毛主席非常关心地问："女同志吃得消吗？"总工艺师回答说："女同志吃得消。"飞旋的砂轮在工件上溅起无数火花，毛主席关切地问焦秀玲："你有眼镜吗？"领袖无微不至的关怀，使小焦感到无限温暖，她连忙回答："有！有！"主席谆谆叮嘱说："要戴眼镜呀！"砂轮在飞旋，工件在前移。主席问："还有多少时间才能加工好？"焦秀玲多么希望自己能在毛主席身边多待一会儿呀？她连忙回答说："快了！快了！"当她把工件磨好后，毛主席鼓励说："胜利了！"接着他老人家拿起亮光闪闪的工件仔细看着，夸奖说："很好！"并伸出温暖的大手向焦秀玲表示祝贺。小焦无比激动，急忙把满是油污的手在工作服上抹了一把，就紧紧地握住毛主席这扭转乾坤的巨手。

毛主席离开一车间时，热情地向全车间的工人们挥手告别，他老人家连声说："谢谢你们！谢谢同志们！"工人们则激动地说："谢谢毛主席！"

一车间对面的四车间（原组件车间）里一片欢腾，人们奔走相告，期待着毛主席能到自己车间来视察。时间刚过11点，不知谁叫了起来："毛主席来了！"一声欢呼唤起一阵春雷，"毛主席万岁！"的欢呼声响彻整个车间。毛主席容光焕发，向工人同志频频挥手。车间主任陈奉桂连忙迎上前去。毛主席听陈奉桂的介绍，很快听出了这位车间主任满口的湖南话，便问道："你是我的老乡吗？"陈奉桂激动地回答："是！我是湖南人。"主席高兴地伸出手来，和陈奉桂亲热地握手，陈奉桂一时激动得只说出一句话："毛主席您好！"

毛主席看到这个车间里工作的同志都很年轻，就对陈奉桂同志说："这些同志看来只有十七八岁。"陈奉桂立即汇报说："是的，这些都是刚培养起来的青年工人。最大的不过21岁，是个班长。"主席又问陈奉桂的年龄，当主席听说他只有27岁时，高兴地微笑着说："很年轻，好好干！"

11时30分，毛主席来到了五车间（现在的二车间）。毛主席仔细地观看了一部崭新的收音机。厂党委负责同志向毛主席汇报了解放几年来我们工厂在党的领导下，从一个修修配配的烂摊子，发展成为一个能够独立设计制造并能大量生产多种军用和民用无线电产品的社会主义企业的情况。当毛主席知道这些收音机和里面的零组件都是我国自力更生制造的时候，他老人家十分高兴地用手抚摸着崭新发亮的收音机，连声称赞："很好！很好！"在经过流水线时，主席指着一个个纸包问大家："这包的是什么？"工人们回答说："这是加工好的零件。"主席指着上面写了一个"毛"字的纸包，风趣地问："这是送给我的吗？"同志们说："这零件是谁加工的，就在纸包上写上谁的姓。"主席又指着这包零件诙谐地说："这厂里还有我的本家呢，那么这一包就是我加工的了。"同志们听了，都笑了起来。

11时40分，毛主席来到了广场上，这时大楼前已聚集了许多人，楼窗也打开了，人们在楼上楼下一齐鼓掌欢呼"毛主席万岁！毛主席万岁！"毛主席频频挥手，向欢呼的人群微笑致意，并对厂长说："时间不早了，向同志们问好！"毛主席一行乘车离去了，但"毛主席万岁"的欢呼声仍响彻在我们南京无线电厂的上空。

37年过去了，全厂职工添了一茬又一茬，人人心中都铭记着1956年1月11日毛主席亲临我们工厂视察的这一天，这是我们南京无线电厂历史上永远熠熠生辉的一天，是我们全厂职工的喜庆日子，是我们电子工人永远纪念的节日。37年来，全厂上下，始终把毛主席的亲切关怀作为我们干好工作的巨大动力。当年毛主席视察过的工厂早已旧貌换新颜，以1991年与1956年相比，工业总产值由608.7万元增长到21.4188亿元，增长了350倍，年平均增长率为18.2%；销售收入由1373.6万元增长到18.1115亿元，增长了131.8倍，年平均增长率为15%；实现利税由136.9万元增长到1.23亿元，增长了89倍，年平均增长率为13.7%；1991年工厂销售额18.1亿元，列全国电子行业榜首。熊猫电子产品被列为全国最畅销产品之一，远销世界各地，饮誉海内外。要使"熊猫"永葆青春，为国争光，要把毛主席亲临视察过的南京无线电厂办得更好，已成为全厂一代又一代新老职工的共同意志和心愿。

毛主席对南京军事学院的关怀

孟昭群　苏士甲

在纪念伟大领袖毛泽东主席诞辰的时候，我们特别怀念他。他老人家生前关心江苏驻军、关怀南京军事学院的情景，又出现在我们眼前。

中华人民共和国成立后，人民解放军向着正规化、现代化的目标迈进，1951年1月，在南京成立了中国人民解放军的最高学府——军事学院。

1956年1月，正当军事学院全体教职员工以喜悦的心情准备庆祝建院五周年之际，毛主席乘坐的列车抵达南京。在车站毛主席同前来迎接的党政军负责同志一一握手。当他和军事学院院长刘伯承元帅见面时，亲切地说，我要到军事学院去看看。这个令人鼓舞的喜讯不胫而走，迅速在南京军事学院传开了，全院上下人心振奋，笑逐颜开。大家情不自禁地回忆着新中国成立后毛主席对军事学院的关怀。

1950年10月23日，就在中国人民志愿军抗美援朝出国作战的第四天，毛泽东给任西南军政委员会主席的刘伯承发去急电，大意是：此间恩来、荣桓、荣臻和总司令，希望你速来北京主持陆军大学。刘伯承接电后立即将公务交代完毕，飞往北京。

11月16日，毛主席批准了由刘伯承根据周总理、朱总司令的意见主持起草的《关于创办军事学院的意见》。11月30日，中央军委任命刘伯承为中国人民解放军军事学院院长兼政治委员。

1951年1月15日，军事学院在南京举行隆重的成立典礼，毛主席为军事学院亲笔题词："努力学习，保卫国防。"中央军委送来了贺幛，上面写着："为建设正规化、现代化的国防军而奋斗"；并派华东军区司令员陈毅、军委军训部部长萧克、总政治部副主任萧华三同志为代表，出席军事学院成立典礼。

为了提高军事学术水平和教学质量，给教员、学员提供一块科研阵地，1951年2月，刘伯承决定在军事学院创办一个刊物——《八一杂志》。他将此事向毛主席作了书面报告。不久，毛主席在刘伯承的报告上批复："中央军委准备出版一个刊物，已定名为《八一杂志》，你们的刊物就叫《军学》好了。"毛主席并题写了《军学》二字，以后，"军学"就成了军事学院的代名词和显著标志，一直沿用下来。

1951年春，毛主席到南方视察，路过南京，让刘伯承院长到他下榻的地方汇报工作。这一天，刘院长正在上海治疗眼疾，改由政治部主任钟期光和训练部副部长陈伯钧代替汇报。毛主席听完汇报，意味深长地说："延安有个清凉山，南京有个紫金山。"其意是将南京军事学院比喻延安抗大，对军事学院的工作给予了高度的评价。他要我们发扬延安精神，像办抗大那样，把军事学院办好。

1952年7月初，军事学院高、中级速成系按计划修业期满。7月10日，毛主席给军事学院发来了热情洋溢的训词，其中说道："标志着中国人民建军史上伟大转变之一的中国人民解放军军事学院，其高级速成系及中级速成系的第一期已学习期满，举行结业了，特致以兴奋的祝贺。""军事学院全体指挥员、政治工作人员、后勤工作人员、教员、第一期毕业的学员和正在学习的学员同志们：军委希望你们在建设正规化、现代化的国防部队的光荣事业上，继续努力；并希望通过你们的努力，把建设正规化、现代化的国防部队的精神，贯彻到所有部队中去。"

1955年3月，刘伯承院长在北京出席中国共产党全国代表会议和七届五中全会时，曾向毛主席反映：由于学员系不断扩大，学员人数不断增加，军事学院教员队伍已经出现严重缺额的情况。为解决这一问题，在朝鲜停战和大军区改划之时，本想从全军选调，但未能如愿。因此，刘伯承请毛主席批准从军事学院毕业学员和其他军队院校的毕业学员中选留一批同志作教员。毛主席说："这个办法很好。"回到南京后，刘伯承就向中央军委和毛主席写了《关于军事学院情况及提请补充教员的报告》，毛主席很快就批准了这个报告。在毛主席的支持下，很快就从军事学院、军事工程学院、后勤学院、总高级步校和测绘学校等院校的毕业学员中选调了300多名教员，较好地改变了军事学院教员队伍的组成，提高了教员队伍的质量。

1956年1月11日下午3时许，毛主席在陈毅、谭震林、罗瑞卿等领导同志的陪同下来到军事学院，院长兼政委刘伯承率院、部、系领导和各教授会主任迎接毛主席。毛主席详细询问了学院组织、训练等方面的情况，亲切地接见了院和各部、系、教授会的领导干部，经刘伯承介绍，与他一一握手，并和大家合影留念。

办好院校靠的是校长、教员和教育方针，所以毛主席特别重视教员。当刘伯承介绍到曾在抗大当过教员，现任宣传教育部部长郭奇时，毛主席说："我认识你，你是延安的大哲学家。"是的，毛主席早在1937年7月就知道郭奇是从北平到延安的，是中共北平地下党员和参加一二九运动的积极分子，又是研究哲学的，所以他特意到延安城里的西北旅社找郭奇谈话。年底，郭奇被留在抗大四期任教育干事、教员，但当时郭奇的思想深处是想到前方去扛枪杆子打日本，和郭奇有同样想法的人也不少，作为抗大教育委员会主席的毛泽东了解到这个情况后，就找他们谈话。毛主席对他们说，在抗大教学是很重要的，你们教好一个学员队，就有几十个连长，几十个连长到前线能起多大作用？要是教好几十个营长、几十个团长呢？毛主席谈话后，郭奇和其他同志都写了在抗大教书的决心书。此后，郭奇一直在院校从事政治教育，坚持宣传马列主义、毛泽东思想，并在1955年被授予少将军衔，大家称他是教马列主义的将军。这次毛主席接见，令郭奇激动不已。

在介绍到战史教授会主任方正时，毛主席说："你是方正，不但要方，还要圆，没有方圆不成规矩嘛！"方正，这位当年红二十四团的俱乐部主任，在长征路上和在延安曾多次见到过毛主席，但和主席握手交谈还是第一次。至今谈起此事，他还是非常激动。

接见之后，毛主席高兴地对大家说，党中央派刘伯承同志当军事学院院长是知人善任的。毛主席勉励大家在刘伯承院长领导下，把军事学院办得更好，把培养全军中、高级干部的工作做得更好。

接见完部、系领导，毛主席又在大礼堂亲切接见全体学员。他们中间有杨得志、韩先楚、刘震、陈锡联、李天佑、廖汉生、张震、吴克华、杜义德、张翼翔、李成芳、罗元发、黄新廷、陈先瑞、刘忠、贾若瑜等著名将领。毛主席殷切地希望大家要好好地总结过去革命战争年代的经验。

毛主席还兴致勃勃地视察了南京军事学院的校园，当他看到院内有一个设备完好的室内游泳池时，随即提出要到游泳馆游泳，并在这里愉快地游了一个多小时。

毛主席和中央领导同志的视察，为军事学院成立五周年增添了光辉，也推动了全军院校的建设。从那以后，又是30多年过去了，南京军事学院几经变化，现在的国防大学就是由她沿革而来的，这所全军的最高学府在改革开放的新的历史时期，正沿着毛主席指引的建军道路，发扬延安抗大的光荣传统，为培养我军合格的高级指挥人员、参谋人员和研究人员而努力奋斗！

毛主席看望江苏工商界的同志们

孙建昌

1956年1月11日下午，南京市政府大院内宽阔的草坪上，集合着出席江苏省工商业联合会执委扩大会议的全体代表。据接到的通知，大家都怀着喜悦、激动的心情在等待中央首长的接见。人们三三两两地聚在一起议论着，猜测着，会是谁呢？更多的人在估摸着：值此日益高涨的社会主义改造大好形势下，上面一定会有新的重要精神向我们传达吧？

忽然，一辆轿车驶来了，陈毅同志出现在大家面前，人群中议论起来："是陈毅，副总理陈毅同志。"快人快语的陈老总一下车就向大家高声说道："同志们，毛主席要来看望大家啦！"

"啊，是毛主席要来接见我们工商业者啦！"人群顿时欢腾起来，大家又惊又喜。陈老总还热情地帮大家排好队，准备着接见。不一刻，几辆小轿车开了过来，停在草坪上。首先下车的是身着戎装的罗瑞卿同志，接着是一名年轻的秘书，第三位出现的是敬爱的毛主席。

"是毛主席。毛主席来了！"大家不约而同地相互传告着自己的"发现"，不约而同地相互交视着喜悦的目光，睁大了眼睛看着毛主席。毛主席头戴灰色呢帽，身穿灰色华达呢中山装和大衣，健步走向人群。

毛主席来到站在第一排的省民建主委、江苏省副省长冷遹面前停了下来。冷遹早年追随孙中山先生，致力于辛亥革命；抗战期间，积极投身抗日民主运动，与张澜、沈钧儒、黄炎培组织中国民主同盟；八年抗战①即将胜利的时候，他与黄炎培等七人致电毛泽东、周恩来，希望政治解决国内问题，迅即收到了回电。不久，他又与黄炎培等飞抵延安考察，商谈国事，受到毛主席、周恩来、朱德等中共中央领导同志的热烈欢迎。此后，在毛主席飞抵重庆进行国共和谈期间，他又同张澜、沈钧儒等以民盟名义欢宴毛主席、周恩来、王若飞同志。事隔十多年，今天，毛主席仍然在众多的人群中一眼认出了冷遹。毛主席向冷伸出手说："你是冷遹先生，久违了。"冷遹答道："主席好，久违了。"毛主席亲切地看着这位民主革命的著名老战士，一边交谈着，一边握着他的手，良久，又深情地摇了几下方才话别。毛主席把手伸向了无锡市的代表张凤鸣。毛主席问："你是做什么的？"张凤鸣紧紧握住毛主席的手答道："我是工商界的，在无锡市工商联工作。"毛主席说："工商联的工作很重要。"张凤鸣听了顿感胸中涌起了幸福的暖流。这时站在后排的人情不自禁地喊起了"毛主席万岁！"大家像是突然被唤醒一样，一起喊起了"毛主席万岁！毛主席万岁！"排好的队伍自行分散开来，又一重重地聚在毛主席的周围。毛主席和其他陪同的领导同志被簇拥在工商界代表中间，主席频频向大家挥手。鼓掌声、欢呼声，像一阵阵暴风雨在市政府大院中卷过。毛主席不停地与身边的同志握手，甚至把手伸向了第二层、第三层的人们，并连声向大家说："同志们好！同志们好！"随行记者迅速打开摄影机，把这一激动人心的场面永久地记录了下来。

---

① 指全民族抗战八年。

金陵古城话建设

彭思铸

春风又绿江南岸。古城南京，春意盎然。玄武湖畔，杨柳拂人，花发草绿；紫金山上，万木叠翠，一片葱茏。

1957年3月20日上午8时许，坐落在市中心地区长江路中段的南京人民大会堂门前，人群簇簇，聚集了几乎是一色蓝制服的省、市党政机关干部，间或有些戎装笔挺的部队军官。这里，曾经是国民党政府召开"国民代表大会"的地方，解放后成为江苏省举行重要集会的场所。中西合璧式的建筑结构，使门厅显得庄重典雅。高高的台阶下，从四面八方汇拢来的人越来越多，看似熙熙攘攘，却又井然有序。

每个到会者都握有一张特别打印上"入场须知"字样的入场券。人们猜想着，相互说着悄悄话儿：看来像是某位中央领导同志、一位大首长要跟我们见面呢！其中，有的"消息灵通人士"则说已闻知邻近的安徽省和上海市的领导干部也来了，足见此次党员干部大会非同寻常。

进场了，大家手持入场券陆续走进会堂对号入座，静候着大会的开始。足可容纳3000多人的会堂，楼上楼下，座无虚席，偌大的会场里，静得俨然能听到一根银针落地。

蓦然，几位领导同志缓步来到台上。人们定睛看去，霎时间都不敢相信自己的双眼，呵，毛主席，那魁伟的身影、熟悉的面庞，不就是敬爱的毛主席吗？这时，不知是谁先喊了一声"毛主席万岁！"于是，"毛主席万岁"的阵阵欢呼声和掌声经久不息，响彻了整个大会堂。人们沉浸在幸福之中，都为自己能亲见伟大领袖毛主席而激动不已。毛泽东身着银灰色中山装，外穿一件深灰色的风衣，容光焕发，慈祥地微笑着，健步走到台前，频频向全场的同志挥手致意，从台左边走到台右边，然后走到设在台正中的讲坛，年轻的随行人员帮他取下身上的风衣。

在春雷般的掌声中，毛泽东仪态安详地坐下。中共江苏省委第一书记江渭清走到台前，激情地向大家说，今天召开党员干部大会，请毛主席来给我们作重要讲话。话音刚落，又激起了一阵暴风雨般的掌声。是呵，能有机会亲眼见到毛主席并亲耳聆听他老人家的讲话，可以说是平生难得的幸运事情啊，谁能抑制住自己澎湃的心潮呢！

毛泽东再次向大家挥手致意，然后，自己习惯地擦起火柴，点燃了一根香烟。

毛泽东的讲话就从说南京开始。他的高屋建瓴、议论风生的讲话，也即由这里生发开去。

毛泽东说："南京这个地方，我以前曾经来过，我看是个好地方。古人就称赞这里'钟阜龙蟠，石城虎踞'，确是龙蟠虎踞。不过，近代有人说这龙蟠虎踞是'古人之虚言'，意思说这是古人讲的假话。看来还不能这么说。如果讲这是一个虚言，那就是在过去国民党反动派和军阀统治的旧时代是一个虚言。'虎踞龙蟠何处是，只有兴亡满目'。国民党反动派在这里搞了20来年，搞得国破民穷，虎踞龙蟠的南京自然也就徒有其名了。现在，南京回到了人民手里，我看南京还是个好地方。"

毛泽东不仅熟悉南京的历史，而且对南京别有一番深情厚爱。

早在1920年，热爱祖国大好河山的青年毛泽东因事从北京乘火车沿津浦线南下，经浦口来到南京，在历史上享有盛名的南京城墙环绕一周。"黯黯江云瓜步雨，萧萧木叶石城秋"。在那风雨如磐的年代，毛泽东为寻找救国救民的道路，毅然走出乡关，上下求索。这位中华民族的优秀儿子对祖国的每一片热土，对脚下这虎踞龙蟠的石城，怀有何等深切的赤子之情呵！

1949年春天，毛泽东在北平西郊双清别墅运筹帷幄之中，决胜千里之外。人民解放军挥师渡江，标志着国民党22年反动统治的崩溃。捷报传来，毛泽东欣然阅览着新华社[①]报道南京解放的号外，遥望南天，神驰金陵，挥毫写下《七律·人民解放军占领南京》的辉煌诗篇，雄视今古，大气磅礴：

> 钟山风雨起苍黄，
> 百万雄师过大江；
> 虎踞龙蟠今胜昔，
> 天翻地覆慨而慷。
> 宜将剩勇追穷寇，
> 不可沽名学霸王；
> 天若有情天亦老，
> 人间正道是沧桑。

从那时以后，毛泽东曾几次来过南京，工厂、郊区农村、部队驻地，乃至巍巍紫金山上的天文台都留下了他的足迹。而今，毛泽东不仅又一次来到南京视察，调查研究，而且来到这庄重肃穆的人民大会堂，直接向3000多名党员干部发表讲话。

毛泽东又点燃了一支香烟，慈祥、睿智的目光环视全场，高瞻远

---

① 据考证，为《进步日报》，非新华社。

瞩地分析了我国社会主义改造基本完成以后，全党和全国人民面临一个伟大转折的新形势。他说，现在，我们处在一个转变的时期，就是过去的一种斗争——阶级斗争，基本上结束了。对帝国主义的斗争是阶级斗争，对官僚资本主义、封建主义、国民党反动派的斗争，抗美援朝、镇压反革命，也是阶级斗争，后来的社会主义改造是用和平赎买的办法进行的，但也还属于阶级斗争的性质。所以，从总的来说，过去我们几十年就干了个阶级斗争，改变了一个上层建筑，改变了生产关系，建立了社会主义经济制度。从经济制度和政治制度来说，我们的社会面貌改变了。

讲到这里，毛泽东深深地吸了一口香烟，又舒缓地吐逸而出，环顾左右，幽默地说，你们看，我们这个会场在座的各位，就不是国民党而是共产党了。从前，我们这些人是不能来这个地方的，这可是国民党开会的地方呀，不光是这里，哪一个大城市都不许我们去的。如此看来，确实是改变了，而且改变好几年了。毛泽东这含蓄、生动、意味深长的话，引得会场的气氛立刻活跃起来。

毛泽东那气魄宏伟、带有浓重湖南口音的话语唤起了全场的注意，人们静静地谛听着敬爱领袖的春风化雨般的谈话。

毛泽东紧接着说道，同志们！通过阶级斗争改变上层建筑和社会经济制度，这仅仅是为改变另外一件事开辟道路，就是为发展生产、为建设开辟道路，为人民生活的改善、为由农业国到工业国开辟道路。所以，现在是处在这么一个转变时期，即由阶级斗争转到了向自然界作斗争，由革命到建设，由过去我们反帝反封建的革命和后头的社会主义革命，到技术革命和文化革命。

稍顿，毛泽东又说，我们这个国家要建设，就要有技术，就要有机器，就要懂得科学。为了进一步说明这个道理，他还形象地指出，这方面，我们过去是用的手工，用手使用的工具来做桌椅板凳的，用手去种粮食种棉花的，一切都是用手。讲到"用手"，毛泽东还特地抬起手来向大家示意。接着说，而现在要改为用机器，使用机器那么一种技术，这就是一个很大的革命。没有这样一种革命，我们这个国家单是政治改变了，社会制度改变了，我们国家还是一个穷国，还是一个农业国，还是一个手工业、手工技术的国家。所以，我们就要进行一个技术革命。同时，我们又是一个文盲国家，有 80% 的人还是文盲，全国人民都要提高文化，就需要一个文化革命。

毛泽东的讲话，以生动形象的语言，深入浅出地阐述了党的八大的路线，人们听了心头顿感更亮堂了。

大家清楚地记得，半年前召开的那次具有里程碑意义的党代表大会，正确地分析了在生产资料私有制的社会主义改造基本完成以后，我国国内的主要矛盾已不再是阶级斗争，而是人民日益增长的物质文化需要同落后的社会生产之间的矛盾。党和国家的工作重点必须转移到经济建设上来，并开始探索和制定由落后的农业国变为社会主义工业国的一系列方针、政策、规划和办法。这是完全正确的马克思主义的决策。作为伟大的政治家和理论家的毛泽东深知，要把党中央的既定路线化为全体党员和全国人民的共同意志和自觉行动，还必须做大量的宣传教育工作和深入细致的思想政治工作。封建的古代统治阶级推崇过"民可使由之，不可使知之"，而与此恰恰相反，最相信和依靠群众的共产党人，举凡国家大事却要尽可能使老百姓家喻户晓，人人明白的。

三个星期以前，即 2 月 27 日，毛泽东在最高国务会议第十一次（扩大）会议的讲话（后发表时题为《关于正确处理人民内部矛盾的问题》），曾经这样分析和描述当时处于大转变形势下人们的普遍心态：阶级斗争已经基本结束，新的社会主义的制度已经基本上建立起来，广大群众一面欢迎新制度，一面又感到还不大习惯，人民群众对于新制度还要有一个习惯的过程，国家工作人员也需要一个学习和取得经验的过程。事情确是这样。全党全国从过去长期的以阶级斗争为中心转到以经济建设为中心，面临如此巨大而深刻的转变，人们多么需要来一个大学习和大提高，以尽快认识和适应当前伟大的转变啊！

毛泽东审时度势，既重视宣传教育广大干部和群众，又善于做宣传工作，并且常常根据需要身体力行地去登台演讲，可以说，演讲也是他整个革命实践活动的重要组成部分。此时，毛泽东正循循善诱地解答着人们最为关心的改善生活的问题，他把涉及哲学和政治经济学的深奥道理通俗化，而且讲得是这样入情入理，情理交融。他说，有些人讲，进入社会主义了，大概是要过上好生活了。这还是没有搞懂什么叫社会主义。社会主义，它作为社会制度，就是一种新的生产关系。我们建立了一种关系，跟过去的关系不同。人们进行生产，过去是资本家和工人的那么一种关系，地主和农民的那么一种关系；现在我们建立成为一种社会主义的关系，用这样的一种关系去进行生产。至于生产，我们还刚刚才开始；这种新的关系呢，刚刚建立好，还没有完全建立好。现在这种关系刚改变，还没有生产。没有生产就没有生活，没有多的生产也就没有好的生活。刚刚搞社会主义，这个生活怎么会好起来啊？

粮食多了没有呢？毛泽东略加思索地说，是多了。在1949年人民政府成立的那一年，我们只有2200亿斤粮食，去年，我们就有3600多亿斤粮食，增加了1400多亿斤。但是，多少亿人吃呢！我们这个国家好处是人多，缺点也是人多。人多就嘴巴多，嘴巴多就要粮食多。增加这1400亿斤的粮食就不见了，还是觉得没有粮食。1949年感到没有粮食，现在还是没有粮食，还是不够。

毛泽东吸了一口香烟，语重心长地对大家说，这个问题，我们年纪大一点的人容易懂，青年人可不容易懂，好像他一来到这个世界上，一切都要光昌流丽，样样都要像个样子。所以，要对人们进行教育，特别是要对青年人进行教育，进行艰苦奋斗、白手成家的教育。全党都要加强政治思想工作。

这时，毛泽东端起面前的杯子，饮了几口茶水，神态凝重而自若。

毛泽东以他那亲切而洪亮的声音继续说，同志们！我们现在的确是白手成家。过去，帝国主义、封建主义、蒋介石政府把人民身上的肉刮去了，弄得中国人民长期地又穷又是文盲，在世界上是被人看不起的。我们共产党经过几十年的斗争，从鸦片战争算起，中国人民经过100多年的斗争，赶走了内外反动势力，空出中国这块地方来。刚才说到南京这个地方虎踞龙蟠，是个好地方，中国这块地方有960多万平方公里，东边从海边起，西边到昆仑山、帕米尔高原，北边到黑龙江，南边到海南岛，更是一块大地方，大有可为。看来，这个世纪是上半个世纪搞革命，下半个世纪搞建设。这个世纪还有40多年，所以，我们现在的中心任务就是建设！

雄才大略、远见卓识的毛泽东提出这一战略观点是经过一番深思熟虑的，绝非即兴之言。

原来，毛泽东一路风尘仆仆，于3月19日抵达南京的当天，即不顾旅途的劳顿，特为着次日的讲话作了一番准备。在下榻处先是召集江苏、安徽两省和上海市的领导同志座谈，了解情况，然后又悉心写下了详细的提纲。这就是人们可从韶山毛泽东纪念馆看到的那份清晰写有"一九五七年三月十九日于南京"字样的毛泽东手迹。

此刻，在大会堂静听毛泽东演讲的干部们，脑海中浮现着一幕幕令人难忘的历史镜头，人们仿佛又看到自党的七届二中全会以来，毛泽东在几多重要的历史时刻何等强调全党的工作必须以经济建设为中心，而且又总是把它置于何等重要的战略高度：

1949年3月5日，毛泽东指出，"从我们接管城市的第一天起，我们的眼睛就要向着这个城市的生产事业的恢复和发展"，其他工作"都是围绕着生产建设这一中心工作并为这个中心工作服务的"，否则，"我们就不能维持政权，我们就会站不住脚，我们就会要失败。"

同年6月30日，毛泽东指出："党的二十八年是一个长时期，我们仅仅做了一件事,这就是取得了革命战争的基本胜利。……但是我们的事情还很多,比如走路,过去的工作只不过是像万里长征走完了第一步。……严重地经济建设任务摆在我们面前。"

是年9月21日,毛泽东说:"全国规模的经济建设工作业已摆在我们面前。……如果我们的先人和我们自己能够渡过长期的极端艰难的岁月,战胜了强大的内外反动派,为什么不能在胜利以后建设一个繁荣昌盛的国家呢?"

1953年8月,毛泽东提出党在过渡时期的总路线,把基本实现国家的社会主义工业化置于内容的主体地位。

1954年6月14日,毛泽东说,"我们的总目标,是为建设一个伟大的社会主义国家而奋斗。"

1954年9月15日,毛泽东又说,我们的总任务是"为了建设一个伟大的社会主义国家","将我们现在这样一个经济上文化上落后的国家,建设成为一个工业化的具有高度现代文化程度的伟大的国家。"

1956年1月25日,毛泽东指出:"社会主义革命的目的是为了解放生产力。"

1956年4月25日,毛泽东论述社会主义建设中的"十大关系"说,"提出这十个问题,都是围绕着一个基本方针,就是要把国内外一切积极因素调动起来,为社会主义事业服务","为把我国建设成一个强大的社会主义国家而奋斗。"

1956年9月15日,毛泽东在党的八大开幕词中说:"要把一个落后的农业的中国改变成为一个先进的工业化的中国"。

1957年2月27日,毛泽东指出,"我们的根本任务"已经是"保护和发展生产力",并号召"团结全国各族人民进行一场新的战争向自然界开战,发展我们的经济,发展我们的文化","将我国建设成为一个具有现代工业、现代农业和现代科学文化的社会主义国家。"

人们联想起一系列重要的讲话和决策,感到它分明构成了一个浑然的整体，并集中体现了一个光辉的战略思想——中心任务是建设。

几十年来，毛泽东孜孜追求民族的解放、国家的富强、人民的幸福，他何等热切地憧憬着一个社会主义的现代化中国屹立在世界的东方，期望着古老的中华民族以一个强大的富有先进文化的民族跻身于世界民族之林！他多么愿与人民一起迎接百年来无数仁人志士为之奋斗的神州崛起，中华振兴！他俨然已经看到社会主义祖国云蒸霞蔚、气象万千的壮丽前景，犹如红日东升，巨龙腾飞！……

"为了建设新中国，领导我们向前进！……"

《东方红》，一曲质朴、浑厚的旋律在人们的心头激荡！

讲台上的毛泽东和台下的全体与会者心心相印，息息相通！

毛泽东眉宇间微微蹙动，炯炯的目光扫视全场，豪情满怀地说，同志们！中国要真正强大起来要多少年呢！我看大概要一百年吧。要分几步走，大致说来，有十几年要稍微好一点；有个二三十年就更好一点，有个50年可以勉强像个样子，有100年，那就了不起，那就和现在大不相同了！毛泽东站在时代的高度，指点江山，向人们展示了建设社会主义现代化强国一步一层天的宏伟蓝图。

紧接着，毛泽东亲切而有力地号召说，同志们，让我们跟全国人民一道，跟青年们一道，干他个几十年，长的不说，先干他个50年！我们要保持革命战争时期的那么一股劲，那么一股革命热情，那么一种拼命精神，把革命工作做到底！边说着边将那旋转乾坤的右手向前一挥，随即立起身来，微笑着向大家颔首。

暴风雨般的掌声席卷了整个大会堂，经久不息，整个会场沸腾了！

毛泽东缓步离开座位，走到台前，向同志们不断挥手致意。

人们怀着无限的留恋走出南京人民大会堂。然而，毛泽东那亲切的言谈举止、音容笑貌，却深深地印在每一个与会者的心中，毛泽东那带有浓重湖南口音的气魄宏伟的讲话仿佛仍在人们的耳畔回响……

情系古战场　着意绘新图

谢端尧

徐州，古称彭城，向为北国门户，南国锁钥，卫戍要塞，是著名的古战场。历史上的楚汉相争，震惊世界的淮海战役，都鏖战于此。早在新民主主义革命发端的五四时期，毛泽东同志就到过徐州。中华人民共和国成立以后，他更是多次到这里视察，调查研究，情系这片古老的土地。

从50年代到60年代中期的15年间，毛泽东同志来徐州达七次之多，这七次分别是：第一次，1951年2月24日至25日；第二次，1952年10月28日至29日；第三次，1953年2月25日；第四次，1955年11月3日；第五次，1957年3月19日；第六次，1958年8月8日；第七次，1965年11月13日至14日。古战场徐州深深地留下了毛泽东同志的足迹。

毛泽东同志在七次来徐州视察、调查研究的过程中，与地、市负责人谈得最多的是关于经济建设问题，包括工业、农业、商业诸多方面，内容十分丰富。

毛泽东同志要求地、市委负责人要根据徐州的实际，大力发展煤炭工业、钢铁工业，同时，还要发展轻工业及交通运输事业。

1957年3月19日，毛泽东同志指示说：徐州的煤和铁在江苏省地位很重要。你们要做好工作，大力发展煤炭工业、钢铁工业。有了煤炭、钢铁，其他工业就好发展了。毛泽东同志还指出：要发展重工业，也要发展轻工业、日用品工业，满足人民生活需要，这样，城市的就业问题也好解决了。当地、市委负责人汇报到徐州是铁路、公路交通要道时，毛泽东同志说，徐州还有运河、有湖泊，要相应地发展水路交通。

1958年8月8日，毛泽东同志在接见地、市委负责人时又强调指出：徐州应成为重要的工业城市，成为抚顺。你们要抓煤炭综合利用，抓粮食，抓钢铁，还要抓机械制造。

1965年11月14日，毛泽东同志在徐州又一次听取了地、市委负责人的汇报，详细了解了地方工业发展的情况。

毛泽东同志十分关心徐州农业的发展，多次谈到要解决制约粮食增产的水利、肥料和农机具等问题。

1955年11月3日，当地委负责人汇报了徐州专区农业上遭受水灾的情况后，毛泽东同志当即指示：水利是农业的命脉，你们要制定一个包括近期和长远的治水规划，把全专区500万人民动员起来，发扬愚公移山、大禹治水的精神，办好兴修水利这件大事，变水害为水利。水利搞好了，农业丰产就有了基本保证。

1958年8月8日，毛泽东同志向地、市委负责人说：农业要增产，要多养猪，多积农家肥和自然肥料。

徐州地处苏鲁豫皖四省交界，交通畅达，战略地位非常重要，所谓"自昔要害地也"。所以，毛泽东同志在七次视察中，不止一次地向地、市委负责人谈到军事、军民关系和战备问题。一次，毛泽东同志向地、市委负责人询问了当地驻军情况。专员梁如仁回答：驻军负责同志和战士代表都热心支援地方工农业生产，据当时的统计，1957年支援农业生产285107个劳动日，抢收小麦61673亩，兴修水利92513土方，积肥252万担，植树219万棵；在洪水中抢救出2651人，抢运粮食 138 万斤，群众感激地说：解放军是我们的救命恩人。毛泽东同志听了很为欣慰，笑着说，这样很好，军民关系就更加密切了。

发展生产是为了改善人民群众的生活，这也是社会主义经济建设的根本出发点。毛泽东同志多次视察中，总是把群众的生活时刻挂在心上。1965 年，经过连续几年贯彻执行"调整、巩固、充实、提高"的方针，国民经济有了较大好转，人民生活有了一定改善。然而历来贫穷的徐州地区，仍有部分群众的温饱问题没有解决。这年 11 月 14 日，毛泽东同志向地、市委负责人关切地询问了当地人口外流的问题。在地、市委负责人汇报后，毛泽东同志当即指示：灾民流动是个大问题，既使本地区的生产复苏受影响，也给流向地区造成人口压力，形成社会秩序不稳定的因素。一定要想方设法做好灾民的救济、安置工作，引导他们恢复发展生产，这是我们党和政府的职责。生产搞好了，吃穿不愁，也就不会有人口外流了，"仓廪实而知礼节"嘛，你们身上的担子可不轻啊。

领袖关心群众疾苦，群众也热爱自己的领袖。一次视察时，正值著名的砀山梨收获季节，在毛泽东同志及随行人员于市委招待所稍事停留之际，市委负责人将群众精心挑选的一篮砀山梨送给毛泽东同志品尝。砀山梨子个头很大，每只足有一二斤重。毛泽东同志收下了梨子，看了看笑着说："谢谢啦！大家尝尝吧！"市委负责人用果刀将梨皮削去，将梨切成许多小块，用盘盛着先送到毛泽东同志面前。他笑着谢绝说："我的牙齿不行，吃了会疼的，你们大家吃吧！"随行人员都尝了一块，感到砀山梨真是名不虚传，吃起来很甜。毛泽东同志虽未品尝砀山梨，但却收下了徐州人民的一片深情厚谊！

云龙山位于徐州市南郊，全长约 3 公里，9 节山头。据古籍称："山有云气，蜿蜒如龙"，故得其名。1952 年 10 月 29 日上午，天高云淡，秋风习习。在罗瑞卿、许世友和市委负责人华诚一、张光中等陪同下，毛泽东同志步履稳健，兴致勃勃地登上了云龙山。当时担任毛泽东同志保健医生的王鹤滨曾经这样回忆道:"从市内登云龙山确实不高,没有费力,主席一行就登到了顶峰。当踏上云龙山顶之后,感觉就迥然不同了。这数十米高的云龙山倒也气派得很呢!视线向东南方望去,视野里的地势陡然低洼了下去,俨然像是登在了极高的悬崖峭壁之上,低洼的盆地就在你的脚下向远方伸延,很远、很远,越远越低,一直到视野的尽处。登在这云龙山上使人有豁然开朗的感觉,极目望去,在你的视野里,那东南方向的山峦、河道、村庄、城镇、沟壑、林木统统地匍匐在脚下。……"

可是,毛泽东同志站在云龙山顶,环视徐州的山山水水,看到远近有些山头却是光秃秃的,随即问那些山上怎么没有种树?华诚一说徐州这个地方的山大都是光秃秃的,清朝的乾隆皇帝来过,说徐州是"穷山恶水,泼妇刁民"哩。刚讲到这里,毛泽东同志就说,那是对劳动人民的污蔑,群众是英雄嘛!发动群众,依靠群众,穷山可以变成富山,恶水可以变成好水。我们要发动群众上山栽树,一定要改变徐州童山的面貌。

毛泽东同志与古战场徐州确是结有历史情缘的。1919年12月18日,为驱逐军阀张敬尧,争取全国舆论支持,青年时代的毛泽东同志率领一个40人的代表团到达北京。1920年4月1日,"湖南改造促进会"在沪成立,同时,一批湖南新民学会会员将要从上海启程赴法国勤工俭学。毛泽东同志于是年4月11日至5月5日期间从北京到上海,途中经过徐州。当年毛泽东同志在陕北同美国作家埃德加·斯诺谈话时就说:《三国》上有名的徐州城墙,历史上也有盛名的南京城墙,我都环绕过一次。

1926年10月,毛泽东同志以润之笔名在《向导周报》第179期上发表了《江浙农民的痛苦及反抗运动》一文,体现了他对当时徐州农民的苦难生活寄予了深切的关注和同情:"徐州——江苏农民中江北徐海一带算是最苦,红枪会连庄会到处皆是,农村各种争斗,比他处更多,缕述不尽。铜山县东乡北乡等处地势洼下,去年禾稼淹没殆尽。所幸二麦已种,农民尚有'转过荒年有熟年'之希望。今秋淫雨连绵,田间禾苗终日浸在水中,由萎黄而腐烂,农民辛勤半载,落得两手扑空。此时地中仍是积水片片,二麦播种无期,怨声载道,莫不表现一种凄惨愁苦的状态。天灾之外,同时还有横征暴敛之军阀贪官与重租重利之劣绅地主,层层敲剥。"

1937年7月7日,日本帝国主义大举进攻卢沟桥,抗日战争[①]爆发。翌年5月19日,日本侵略军攻占徐州。次日,毛泽东同志即致电朱德、彭德怀、刘伯承、徐向前、邓小平指出:徐州失守后,河南将迅入敌手,武汉危急。彼时蒋介石将同意我军南进,在豫皖苏鲁四省深入敌人后方活动。22日,中共中央即发出了《关于徐州失守后华中工作的指示》,对徐州失守后的华中工作作出部署。

1938年5月,毛泽东同志在其不朽雄文《论持久战》中,多次提到徐州。如:"当此徐州失守武汉紧张的时候,给这种亡国论痛驳一驳,我想不是无益的";敌人"将华北兵力集中于徐州,华北占领地就出了大空隙,给予游击战争以放手发展的机会"。

特别令人难忘的是,毛泽东同志亲自部署和领导的震惊中外的淮海战役就是以徐州为中心展开的。1948年11月,毛泽东同志、中央军委决定,成立以邓小平同志为书记的总前委,按照毛泽东同志制定的作战方针和具体部署,指挥60多万解放大军同80万国民党军队进行战略决战,一举歼敌55.5万余人,基本上解放了长江以北的华东、中原广大地区。据统计,有关此次战役,中共中央、中央军委全部电文57件,毛泽东同志亲自起草了51件,另修改了3件共计54件。其中,《关于淮海战役的作战方针》和《敦促杜聿明等投降书》两篇收入《毛泽东选集》第四卷。毛泽东同志起草、修改的这些电文,是淮海战

---

① 指全民族抗日战争。

役取得伟大胜利的奠基石，将永远彪炳于中国人民解放战争和世界军事斗争的史册。

1960年至1965年，根据中央决定，在徐州南郊凤凰山东麓建造淮海战役烈士纪念塔。当时，由苏、皖、豫、鲁四省负责同志组成的建塔委员会在讨论请党和国家领导人为纪念塔题写塔名，大家一致认为请当年指挥这一战役的最高领导者毛泽东同志最为合适，并经内务部将报告呈至国务院；同样的建议亦由中国人民解放军总政治部报送至中央军委。当这一建议呈至毛泽东同志那里时，他欣然提笔书写了"淮海战役烈士纪念塔"九个酣畅遒劲的行书大字，时隔不久就由内务部转至建塔委员会。1965年10月1日，高度38.15米的淮海战役烈士纪念塔建成揭幕，这九个气势磅礴的鎏金大字在阳光下熠熠生辉。

新中国成立以后，发展生产，进行社会主义经济建设，成为党和国家的一项基本任务。毛泽东同志早在七届二中全会上就强调说："从我们接管城市的第一天起，我们的眼睛就要向着这个城市的生产事业的恢复和发展。"既然如此，毛泽东同志从全国大局着眼，对于徐州在江苏国民经济中的举足轻重的地位，对于这个在地理上处于南北方接合部的城市在经济上的辐射作用就特别重视，因而倍加关心其建设和发展，就是很自然的事了。情萦古战场，着意绘新图。所以毛泽东同志每到徐州，总是要了解徐州地区工农业等方面的情况，并作番指示。

历史的长河奔涌不息，从新中国成立后毛泽东同志第一次视察徐州算起，讫今已过去41年。四十余年来，古战场徐州发生了翻天覆地的变化，穷山恶水的徐州已发展成欣欣向荣的社会主义工业重镇和黄淮海平原上的重要商品粮基地。可以说，毛泽东同志当年对徐州的指示和期望，大都已成了现实。

徐州人民铭记毛泽东同志的教诲，已把古城建设成为经济实力较为雄厚、工业门类较为齐全的现代化城市。解放初徐州只有一个濒于报废的贾汪煤矿，如今，徐州矿务局已拥有14个矿、18对矿井，年产原煤 1200 余万吨，跨入全国煤炭系统综合型特大企业的行列；地方煤炭工业也发展很快，小煤矿遍地开花，年总产量突破 1000 万吨。电力工业突飞猛进，5 座火力发电厂拔地而起，总装机容量 130 万千瓦，成为江苏省和华东电网举足轻重的火电基地。机械、建材、化工、轻纺、食品、电子、医药等工业都有了长足发展。据 1992 年国家统计局统计资料，1991 年全国有 43 个城市的全年国民生产总值（包括市辖县）超过 100 亿元，徐州市位居其第 30 位。

徐州人民铭记毛泽东同志的教诲，大力兴修水利，发展农业，40 年来共计开挖大小河道 1 万余公里，修建干支河堤防 2000 余公里，新建中小型水库 89 座，发展机电排灌动力 75 万马力，凿打机井 4 万余眼。初步形成以骨干河道为网络、以梯级河网和机井电站为基础的防洪、排涝、灌溉体系，使昔日的"洪水走廊"基本上成了旱涝保收的商品粮基地。从 1952 年冬季起，徐州人民年年植树造林，绿化荒山沟坡，经过 40 年坚持不懈的奋斗，徐州大地已山绿林茂，一片生机。过去光秃秃的九里山和荒凉的黄河故道，现在郁郁葱葱，花果飘香。1986 年 5 月，徐州市及所辖六县一郊（区）均获得"全国平原绿化先进单位"称号，成为全国平原绿化三个先进城市之一，走在全国各地市的前列。

徐州人民铭记毛泽东同志的教诲，发扬当年淮海战役中支前拥军的光荣传统，为驻军解难分忧；驻徐全体指战员拥政爱民，奋勇抢险救灾，支援地方建设。1988 年 12 月，徐州市被江苏省人民政府、江苏省军区授予"双拥城"光荣称号，成为全国第一座"双拥城"。1991 年 1 月，在全国双拥工作会议上，徐州市被国家民政部、解放军总政治部首批命名为"双拥模范城"。

淮海战役纪念塔巍巍，古老的云龙山青青。毛泽东同志七次视察徐州的谆谆教诲，永远铭记在徐州人民心中。

我陪毛主席登云龙山

华诚一

1952年10月28日下午，毛主席来徐州视察工作，专列停靠在太湖专用线上，陪同毛主席来徐的有公安部长罗瑞卿，铁道部长滕代远，天津市长黄敬，安徽省委书记曾希圣，还有著名民主人士李烛尘等。毛主席当晚接见我（时任市委副书记）和市长张光中同志。并决定第二天登云龙山。

次日晨，山东军区司令员许世友也赶来徐州，并陪同毛主席一起登云龙山。

云龙山在徐州市区的南郊，隔城和九里山、子房山遥遥相望，是徐州南面的天然屏障，因山势蜿蜒起伏状如游龙，常有云雾缭绕而得名，远望山上林木青翠，郁郁葱葱，且有云龙湖水相映，形成云龙风景区，装点这座历史名城。

29日这天，天高气爽，云淡风轻。早饭后，我和张光中以及驻徐装甲兵部队政治委员刘玉标同志陪同毛主席及其随行人员一起乘车到云龙山麓。毛主席身着蓝灰色呢中山装，素袜布鞋，迈着健实的步履，从云龙山东坡拾级登山。我和张光中在前面带路，许世友等紧随毛主席身后，市公安局长张洪范负责警卫。毛主席虽然已年近花甲，但和我们中青年人一样，从容攀登。到了半山腰，许世友同志见坡陡路滑，上来要搀扶他，毛主席笑着说：不用你扶，我还是自力更生。毛主席一面走着，一面和周围的同志交谈起来。不知不觉来到兴化寺。该寺建筑设计别致，大殿依山而建，殿内有北魏时期大石佛一尊。殿的前壁高达三丈，后壁仅叠三砖，是一座以"三砖殿覆三丈佛"而闻名遐迩的古刹。毛主席问：这古刹是哪个朝代修建的？我回答：石碑是北魏拓跋焘时所刻，但据碑文记载，早在南朝宋、梁时代就盖有此寺。毛主席仔细看了石碑上的碑文而后问道：当时拓跋焘打下徐州没有？我说，我不大清楚。后来，我查阅了《资治通鉴》等史书，才弄清楚公元451年拓跋焘兴兵南侵，是年冬，"兵至彭城，立毡屋于戏马台以望城中"。

出了兴化寺，登上20余级台阶，穿过月门，来到放鹤亭。毛主席问：此亭是苏轼《放鹤亭记》的放鹤亭吗？我答：是的。毛主席说：知道它的来历吗？我向主席讲述：北宋名士张天骥，号云龙山人。见此山环境幽静，在此隐居，筑建草亭，取名放鹤亭。毛主席说：看来你知道的还不少呢，"山人有二鹤，甚驯而善飞，旦则望西山之缺而放焉。"这是《放鹤亭记》里说的。我听了毛主席脱口吟诵古文名句，深深佩服主席的知识渊博，记忆超群。毛主席见亭的两侧有一"饮鹤泉"，问道：此泉是否因放鹤亭而凿？我回答说：引泉在先，原叫石佛井。传说汉代以后某朝代的一个皇帝见云龙山宛如游龙，生怕徐州再出个皇帝，故下令在山上凿井，以破徐州的"天子气"。主席看了看泉内水深三尺，清澈见底，深有感触地说：传说虽近荒唐，但能在这数丈深的岩石上凿出水来，却是劳动人民的智慧和创造。

井的西南方向有一块石碑，毛主席问：是什么碑？我回答说：是清代乾隆皇帝手迹的石刻。提起乾隆皇帝，毛主席颇有感慨地说：这个人到处乱写，虽无佳句，也称是古迹了。

从放鹤亭向西走，到了大士岩西门口，毛主席问：石阶下的高台是干什么的？我说：传说是韩信的点将台。毛主席当即讲了有关韩信点将的故事。对楚汉相争这段历史，我们本地人略知一二，但没想到毛主席这么熟悉。

毛主席站在云龙山顶，俯视这著名的古战场。徐州城三面环山，独缺西北一口，为天然门户，山峰连绵起伏，地势险要，能攻能守。毛主席看了，自言自语地说：世称此处是兵家必争之地，果然如此啊！

徐州四周山势虽然壮观，但诸多山上当时还很少树木，显得一片荒凉，犹如人身没有穿衣服，体格虽好，甚是难堪。毛主席问：那些山上为什么没有树？我们一时不知如何回答好，我说：可能与古战场有关吧。传说张良吹箫，一曲楚乐吹散八千子弟兵，吹得群山满目凄凉，草兽皆无，只剩下空荡荡的山间巨石了。清朝乾隆皇帝下江南时路过此地也说徐州是"穷山恶水，泼妇刁民"。毛主席说：那是对劳动人民的污蔑，群众是真正的英雄么！发动群众，依靠群众，穷山可以变成富山，恶水可以变成好水。记得主席一再强调：要发动群众上山栽树，一定要改变徐州童山的面貌。

遵照毛主席指示，自1952年冬起，每到冬春季节，徐州市委、市政府年年组织各机关、学校、部队、工矿企业、街道和农村的干部、群众上山植树造林。经过40个春秋的奋战，徐州周围群山上已造林40万亩，使昔日的"穷山恶水"彻底得到改观。如今的徐州，旧貌换新颜，当年光秃秃的九里山和荒凉的黄河故道，现在已是处处绿树成荫，花果飘香。

毛主席从云龙山北坡下山，仍意犹未尽，路上又谈起"戏马台"和项羽的故事，毛主席说：楚汉相争，刘邦取得成功，而项羽失败了，最主要的原因是他缺乏群众路线。刘邦的用人之道比他好，所以才有萧何、张良、韩信、曹参、樊哙、陈平等文武百官跟随左右，而项羽仅有一个范曾，也用不好，最后只好成为孤家寡人了。当时我们听了主席这番话，都想着这是主席借用历史典故对我们的教育呢！

下山后，我们考虑毛主席登山劳累，便领他到市中心文亭街附近一座院内休息约半小时，而后陪主席一起吃了顿便饭。

午饭后，在去九里山飞机场的路上，毛主席又和我们聊了起来。毛主席问市长张光中是什么地方人。张光中答是沛县人。毛主席说：好呀！你是汉高祖的同乡，距刘邦家还有多远？张光中答：我是沛县宋庄人，靠微山湖边。毛主席问张光中：今沛县还有哪些古迹？张光中答：有樊哙像、歌风台等。这时毛主席便提出去沛县看看。后因为时间太晚，经罗瑞卿同志劝阻，毛主席才放弃去沛县的打算。

毛主席这次来徐州，在接见我和张光中时，对徐州的社会主义建设、军民关系以及人民生活进行了解，并作了重要指示。

岁月易流逝，弹指四十年。如今回顾起毛主席他老人家当年登云龙山的情景，仿佛就在昨天。他当年对徐州的指示和希望，如今均已变成现实。如今的徐州已发展成江苏北部的一座重要的工业城市和商品粮生产基地，并成为苏鲁豫皖四省接壤地区的经济中心，还被评为全国平原绿化的先进城市。

（董助才、鲍书玉整理）

毛主席记得我这个"四川籍"

胡宏

1953年3月至1958年3月,我任中共徐州地委第一任书记。其间,曾十分荣幸地受到伟大领袖毛主席的两次亲切接见。斗转星移,几十年过去了,毛主席接见时的情景,毛主席的谆谆教导和殷切期望,仍历历如昨。

1956年7月的一天晚上①,我接到从济南打来的电话,说是毛主席的专列当天夜里到达徐州,请地委负责人向毛主席汇报工作。于是,我急忙打电话将此事告知专区专员梁如仁。因时间仓促,来不及做更多的准备,我们只是向有关人员就安全保卫工作交代一下,便驱车前往火车站。我俩在车站的月台上,大约等候20分钟,毛主席的专列从北边缓缓驶进站台。

在毛主席随行人员的带领下,我俩走进了毛主席办公的车厢。车厢布置得像个会议室,当中的长条桌上铺着白色台布,桌上只是简单地摆了香烟、烟灰缸,和普通的会议室没有什么两样。毛主席看到我们进来,微笑着站起来与我们一一握手,然后又亲切地让我俩坐下,并给我们每人递上一支烟。毛主席身材魁梧,穿一身灰色的中山装,

---

① 据考证,此处应为1955年11月2日。

乌黑的头发向后梳理着，满面带着笑容，下巴上的黑痣清晰可见，虽已年过花甲，但显得精神焕发，给我们留下了十分深刻的印象。待我们坐定后，毛主席说，我想了解一下徐州地区的肃反工作和农业生产情况。深更半夜地把你们俩叫来，影响休息了。我说，能见到毛主席，当面聆听您老人家的指示，我们都非常高兴。这时，一位女秘书进来，把铅笔和纸放在毛主席面前便离开了，车厢里只有毛主席和我俩三个人。毛主席首先问我，你叫什么名字，是哪里人，何时参加革命工作的？我回答说：我叫胡宏，是四川重庆人，1938年在陕北吴安堡青年集训班时参加的革命工作。毛主席点了一下头说，你和朱总司令算是老乡喽。又问，你以前见过我吗？我说，没有机会见您，这是第一次见您老人家。毛主席用铅笔在纸上记下了我的名字。毛主席又询问了梁如仁，他也一一作了回答。

这时，毛主席问道，徐州专区管辖几个县，有多少耕地、人口啊？我答道，徐州专区是于1953年1月成立的，1955年2月以前，管辖丰、沛、萧、砀山、铜山、邳、睢宁、新沂、东海、赣榆10个县和新海连市（后称连云港市）。1955年3月，将萧县、砀山两个县划归安徽省宿县专区了，现在还辖8个县1个市。全专区共有1703万亩耕地，503万人口。毛主席听后说：徐州专区管辖的地方不小么。毛主席又问，划走萧县、砀山两个县给安徽，划来什么县呢？我说划来盱眙、泗洪两个县，都归淮阴专区管辖。毛主席说：萧县、砀山划走了，你们江苏不要以为吃亏了。盱眙是楚霸王立的都城，泗洪是明太祖朱元璋的祖陵，这在历史上都是有名的。毛主席忽然又问，你们知道"四"字底下一个"南"字，这个字读什么音吗？我知道这大概是毛主席在考我们了。由于我在抗日战争时期和建国初期曾两次在苏南地区工作过，因而认识此字，便回答说，罱字读"览"音，是一种用作捕鱼或捞河泥、水草的工具，江南一带常用它捞泥肥田。毛主席听后，颔首满意地笑了。

随后，毛主席认真询问了徐州专区开展肃清反革命分子运动的情况。我汇报说，徐州专区由于地处苏鲁豫皖四省交界，又是淮海战役的主战场，建国后虽然经过土地改革、镇压反革命等运动，社会治安状况比解放初期大为改善，但是，尚未得到根本好转。毛主席对这个问题很重视，仔细地听着，个别字听不清楚，还叫我写出来给他看。听了汇报后，毛主席说：徐州这个地方，历来是兵家必争之地，战略地位很重要。在开展肃清反革命分子的运动中，我们的原则是"有反必肃，有错必纠"。一定要认真贯彻党的方针政策，广泛发动群众，孤立和打击极少数敌对分子，加强社会治安，整顿社会秩序，为发展工农业生产，实现第一个五年计划，创造一个安定的社会环境。

接着，毛主席问徐州专区的农业生产情况怎么样？我回答说，西部的几个县，基础条件较好；东部的几个县，由于地处沂河、沭河、泗河下游，地势低洼，经常受水灾。1953年、1954年连续两年秋季发大水，邳县数十万亩农田被淹，平地水深数尺，陆上交通中断，靠空运和水运救济灾民。毛主席听后指示说：水利是农业的命脉。你们要制定一个包括近期和长远的治水规划，把全专区500万人民动员起来，发扬愚公移山、大禹治水的精神，办好兴修水利这件大事，变水害为水利。兴修水利搞好了，涝能排，旱可灌，这样一来，农业丰产就有了基本保证。说到这里，列车上的随行人员进来告诉毛主席，时间到了，快开车了。毛主席站起来说：今晚就谈到这里吧，以后有机会我再来。同时伸出手和我们一一握别，把我俩送到车厢门口后，又跟我们再次握手。待主席的专列驶出徐州站，我们才依依不舍地离去。

1957年春季的一天，伟大领袖毛主席又一次来徐州视察，我再一次受到毛主席的亲切接见。同时被接见的还有市委第一书记陶有亮和市委第二书记、市长张洪范。

在毛主席来徐州的前一天晚上，市委接到济南来的电话，请地、市委负责人准备在凌晨接车。陶有亮约我和张洪范二人提前到达徐州东站候车室，等候毛主席专列的抵达。

第二天天刚亮时，毛主席的专列缓缓驶进了徐州东站。待列车停稳后，陶有亮、张洪范和我赶忙走上车去，毛主席在车厢门口亲切地和我们三个人一一握手。我们看到毛主席一身浅灰色的衣服，脚穿普通的黑布鞋，显得平易可亲。

待我们三人进入列车接待室坐定以后，毛主席逐一询问我们每个人的名字。我在去年曾受到过毛主席的接见，毛主席对那一次接见还有印象，因而，他风趣地对我说：知道你是四川人，我们是第二次见面了，还要听听你这位四川籍地委书记介绍情况罗！我忙说是的，主席的记忆力真好。记得毛主席在问陶有亮时，还问他姓的是陶渊明的陶，还是陶朱公（范蠡）的陶。回答是陶渊明的陶。

毛主席的这次接见，主要了解徐州市的工业生产情况。

陶有亮首先汇报了有关徐州的煤矿和利国铁矿问题。毛主席问利国铁矿的矿石品位如何？陶有亮回答质量很好，可以直接炼钢。毛主席又问含硫量怎样？张洪范答道含硫量很高。毛主席听了马上纠正他说，应该说是含硫量很低。

记得毛主席当时还特别指示说：徐州的煤和铁在江苏省地位很重要。你们要做好工作，大力发展煤炭工业、钢铁工业。有了煤炭、钢铁，其他工业就好发展了。

在谈到发展工业要合理布局问题时，毛主席还指示我们说，徐州要发展重工业，也要发展轻工业，照顾市场，不要畸形发展。毛主席问徐州离周围大城市有多远？陶有亮回答徐州离南京、济南、郑州三地都是700里左右。毛主席强调说：你们要发展轻工业、日用品工业，满足人民生活需要。这样，城市就业问题也好解决了。

当汇报到徐州是交通要道时，毛主席说徐州除了是铁路交通枢纽外还有运河、有湖。主席问徐州北面是哪几个湖？陶有亮答是微山湖、独山湖、南阳湖、昭阳湖。毛主席还谈到以下四湖，即骆马湖、成子湖、洪泽湖和白马湖。这时，我向毛主席汇报了地处新沂、宿迁两县之间的骆马湖的一些情况。毛主席指示我们说，徐州也要相应地发展水路交通。

这次接见，一个多小时。接见结束后，毛主席让我们与他一起吃早饭。我们三人都感到不好意思，推辞说"吃过了"。毛主席说："这么早，你们在什么地方吃的？不要客气。"结果，我和陶有亮、张洪范三人与毛主席在列车上一道吃了顿早餐。毛主席的生活很简朴，记得主要的两盘菜都很普通：一个是炒鸡蛋，一个是炒肉片。

早饭后，我们陪毛主席乘汽车到了飞机场。毛主席临上飞机前，与我们三个人一一亲切握手告别，然后乘飞机离徐。

1958年8月8日，伟大领袖毛主席再一次视察徐州。据当时被接见的徐州专区专员梁如仁事后对我说：毛主席在接见中还询问过，你们那位地委书记，四川人，到哪里去了？梁如仁回答胡宏已调南京在省里工作了，现在正参加全省农业大检查。毛主席说，这样很好，一边检查，一边帮助你们干。我听了梁如仁说的这些情况，心想，毛主席对干部是多么关心爱护啊。他老人家作为党和国家的最高领导人，日理万机，还记得我这个四川籍的一名地委书记，在同志们面前对于我参加全省农业工作大检查一事，还给予肯定和鼓励，怎不叫人深深的感动啊！

（谢端尧　整理）

仓廪实而知礼节

吴明政

解放后，毛主席先后来徐州视察工作七次，我有幸在最后一次受到他老人家的接见。

记得那是1965年11月13日，我们接到上级通知，说毛主席的专列当晚到徐州，要我们准备汇报工作。当时我任徐州市委副书记兼市长，由于地委第一书记刘锡庚和市委第一书记韩本初都在省委开会，我就和地委副书记丁平、冯克玉、市委副书记王铁民一同准备了汇报内容。本来打算四人都去汇报的，后接毛主席秘书通知，第二天下午一时接见我和丁平两人。

接见的地点是列车的会客室。毛主席当时身着一身米灰色服装，一双棕黄色的老式皮鞋已穿得很旧了。他老人家脸色红润，精神焕发，身体健康。会客室的一头是办公桌，桌上摆放一些文具。中间是一小茶几，茶几两旁是沙发，当时我和丁平坐在两个单人沙发上，毛主席则是坐在对面长沙发上。

坐下后，毛主席便和我们闲聊起来，先是问我和丁平的姓名、籍贯，接着又问我："你今年多大了？"我说："今年42岁。"毛主席说："你看起来只有30多岁的样子嘛。"毛主席讲话时，我拿起笔想记下毛主席有什么指示，毛主席看了说："我们随便谈谈，就不要记了。"

接着，毛主席就问我们，今年你们这里的粮食产量比去年怎么样？丁平回答，我们今年比去年少收了2亿斤粮食。毛主席很关切地问为什么？丁平回答说，今年两头旱、中间涝，气候不好是个原因，同时我们的工作也做得不够好。毛主席说，听说今年江苏全省比去年好一些，你们这里今后有没有希望？丁平说有希望，我们对过去和今年工作的失误和教训，认识上前进了一步，在改变生产条件上做了一些工作，只要我们今后继续狠抓这方面的工作，我们就会大有希望。看到我们满怀信心的样子，毛主席显得很兴奋，就问，你说的改变生产条件是什么？是不是水。丁平回答主要是水，前几年搞了些骨干工程，对沂、沭、运三大河作了治理，大大小小修了数十座水库，这样加上骆马湖、微山湖蓄水，我们种水稻就有了条件。另外还搞了一点台田、梯田、条田及一些小型田间工程。毛主席又问，微山湖的水你们用得上吗？丁平说我们的丰县、沛县沿湖及铜山、邳县沿运河地区都能用上一些。毛主席接着又问，台田主要是防涝吧？灌溉怎么办？你们打不打井？丁平回答：台田也可以灌溉，我们这里也打了点井。毛主席说，河北省今年旱得很重，他们打井有了经验，打不深不浅的井1000多元一口。你们的井打多深？丁平回答说深的有30多米。毛主席说那就不浅了，要花多少钱呢？丁平说，机井要花2000多元一口，砖井200块钱左右就行了。谈到这儿，毛主席点点头，沉思了片刻说，听说江苏省有个县搞得很好，有很多人去参观，是哪个县？我回答可能是启东，或者是灌云县。农田水利听说是灌云县搞得好。丁平补充说，粮棉双高产是启东县。毛主席说，听说江苏全省情况比去年好。江苏几个专区中哪几个专区好？听说苏州专区、南通专区不错？我答道全省7个专区中，南方的几个好些，镇江专区今年也不错。毛主席问扬州怎么样？我说比过去几年好得多。这时毛主席向我们颔首微笑，并语重心长地说，我看徐州也是大有潜力的，相信你们这样努力干下去，会大有希望的，困难是暂时的嘛。我们听了深受鼓舞，暗暗下决心一定要千方百计尽快改变徐州贫穷落后的面貌，以不辜负他老人家对我们的期望。

接下来，毛主席又和我们谈起人口流动问题，问我们人口还流动不流动？我回答说，今年有人口流动，多时有2000多人到这里来，包括河南省商丘一带及安徽的几个县。丁平又补充说，我们这里的睢宁县、邳县，因为有灾，也有人口外流的情况。毛主席问睢宁、邳县在哪个方向？下邳在哪个方向？丁平回答说睢宁在徐州东南，邳县在东边，下邳现在划归睢宁县了，位于睢宁县的北部。毛主席又问，听说江苏淮河以南的人口主要向南流，徐州的人口往哪流？丁平回答有向东北的，也有向西去的。毛主席听了，神色庄重地说，农民流动是个大问题，不光使本地的生产复苏缺乏劳动力，也给流向地区造成人口压力，形成不稳定的因素，影响社会秩序，影响生产。一定要想办法做好灾民的救济、安置工作，领导他们恢复发展生产，这是我们党和政府的职责，生产搞好了，吃穿不愁，也就不会有人口外流了，"仓廪实而知礼节"嘛。这样，你们的身上的担子可不轻啊！其关切之情溢于言表。我和丁平听了都很受感动。当即表示要记住他老人家的指示，努力控制人口外流，尽快组织群众恢复和发展生产。

随后毛主席转问我，你是盐城人，知道盐城有哪几个县？我说包括盐城、东台、大丰、建湖、射阳、阜宁、滨海7个县。毛主席抬起头想了一下说，老县都晓得，新县我就弄不清楚了。然后又问丁平，新海连是不是包括在你们专区之内？丁平回答说过去是，现在划出了。新浦、海州、连云港三个地方，现在叫连云港市，有港口，还有大片盐区，是省属市。毛主席点点头说，秦皇岛市也是这种情况，也有三块地方。然后又问这里搞没搞工事？我说搞了。毛主席问在什么地方？我说从连云港起，一直到徐州周围，一些山头已搞了较长时间，有的还正在施工。毛主席听了，饶有兴致地给我们分析说，我们军事上的指导思想是诱敌深入。敌人来，无外乎两个目的，一是想占地方，一是想抢劫。诱敌深入，我们才能消灭他。敌人要来的话，你们徐州所处的位置就相当重要了，工事要抓紧搞好，另外还要教育群众在平时要提高警惕，让敌人轻易不敢来，来了我们也有备无患。我和丁平连连点头称是。

毛主席话题很广，刚和我们谈完军事，马上又谈到了工业。记得毛主席当时说，江苏有石油，在深层。过去江苏是个大海，就露出栖霞山、云台山、云龙山等几个岛。紧接着便问起徐州市的工业情况，你们这里工业怎么样？我回答说，解放初期有个说法，这里只有两个半烟囱（即两个半工厂），基础很差。现在大大小小有190多个厂，不过都是些小厂。除煤矿外，其他的有小型化工厂、机械厂、轻工业厂。毛主席听了，点头表示满意。又问，你们这里有没有中央管、省管的厂子，你所说的小厂大约有多少人？我说有几个中央部属厂，其他都是地方国营和集体所有制工厂。小厂一般只有一二百人，二三百人。毛主席说一二百人不算是小厂了，国际上有个说法，30人以上就是大厂。我说话虽是这样，但我们的技术水平、管理水平都很落后。我们徐州的工业能谈得上水平和规模的，也只能是煤炭了。毛主席听了就给我鼓劲说，不要泄气嘛，由解放初两个半烟囱发展到现在的190多个工厂，只有十几年，成就不小嘛，你们这里能源丰富，交通便利，有发展工业的许多有利条件，只要充分利用起来，逐步提高技术水平和管理水平，相信你们的其他工业也会像煤炭一样发展起来的。毛主席的话，给我们描绘了徐州经济发展的灿烂前景，使我们信心倍增，认识到徐州不能再贫穷，也不应该再贫穷。毛主席接着又问，听说你们原来有个贾汪煤矿？我回答说，徐州解放前就有个贾汪煤矿，当时由于管理落后，加上战争破坏，年产只有几十万吨。解放后矿山回到了人民的手中，重新焕发了青春，建了一些新的矿井，现在年产400多万吨煤。毛主席听了，赞许地点了点头，说江苏的工业较为发达，煤炭、能源少了些，你们的煤炭对全省工业的发展很重要，要加快开发。不过这样可能还不够用，听说安徽的煤炭较多，工业相对较少一些，我看互相调剂一下，有利于发展。说到这儿，毛主席又问，电怎么样？我说有个韩庄电厂。毛主席说韩庄不是属于山东吗？我回答说厂址在山东微山县，是山东、江苏交界的地方。毛主席又说，徐州解放前不是有电厂吗？我说有个贾汪电厂，那个厂比较小，只有一万多千瓦，韩庄电厂有十万千瓦，我们用电大部分是由韩庄电厂提供的。这时毛主席站起身来说，好，我们今天就谈到这里吧，我还要赶路。我和丁平连忙站起来说，毛主席还有什么指示？他满面慈祥地跟我们说，没什么，我找你们只是想了解一些情况，谢谢你们给我提供了许多情况。我握着毛主席的手说，十分感谢毛主席对徐州的关怀。然后毛主席把我们送到车门口，再次和我们亲切握手，我们才怀着依依惜别的心情走下车来。

将近两个小时的会见，毛主席针对我们徐州地区的情况和特点，从农业生产到人民生活，从国防备战到工业建设，各个重要方面都关心到了，在肯定了我们成绩的同时，又使我们看到了差距，并指出了我们的希望，给了我们以巨大的勉励，使我们在不知不觉中受到了教育，坚定了克服困难夺取胜利的信心。

（鲍书玉、董助才整理）

"我们先吃了苹果，现在再吃葡萄"

包厚昌

  我一生曾多次见到毛泽东主席，聆听过他的亲切教诲，其中印象最深的一次，是在毛主席的专用列车上，当面向他汇报工作。

  记得那次汇报是在1955年11月的一天，正值对资本主义工商业社会主义改造的高潮来临前夕。当时我任中共无锡市委书记。一天夜晚，我在市委突然接到江苏省委的紧急电话通知，说明天上午毛主席的专列途经无锡，将在无锡火车站停留一小时，毛主席要听取无锡党政领导人的工作汇报。省委指定由我和市长江坚两个人届时向毛主席作专门汇报。要汇报哪些方面的内容呢？电话通知中没有明确交代，我心中也没有底。此时，我就和江坚同志立即动手，连夜准备汇报材料。我们准备的材料主要是有关无锡的自然条件、历史沿革、经济发展、政治概况以及解放以后历年的综合性统计资料。当时，市委对本市资本主义工商业的社会主义改造已经有了一个全面规划，并抓了几个试点，有些点上的工作也已基本结束。所以，也准备了一些有关对资本主义工商业社会主义改造方面的材料。

  翌日一早，我和江坚同志便来到火车站等候毛主席的专列。在车站等候时，我的心情仍十分激动，尽管我已不是第一次见毛主席。早在1949年七八月间，我曾率领苏南区工会代表团参加全国工会工作会议，就在会议期间见到了毛主席并聆听了他的讲话。以后又见了几次。但都是在会议上见到的，从来没有和他当面说过话。毛主席也不是第一次到无锡来。毛主席首次到无锡是在1954年3月中旬，下榻在地处无锡大箕山的华东疗养院。但毛主席那次是来去匆匆，在无锡停留不到20小时，与无锡市地方领导人没有见面。所以这次汇报工作，对于我们来说，实际上还是头一回，能不能汇报好呢？能不能让毛主席满意？我心中没有把握。等了好一会儿，毛主席的专列终于徐徐驶进车站，稳稳地停靠在站台边。只见专列上下来一人，我和江坚同志立即迎了上去，来人是汪东兴同志。他将我们带到毛主席专列的中间那节车厢前，要我们自己上车。我俩登上专列，刚进车厢，一抬头就见到了毛主席。他站在专列的会客室门口，见我们两个来了，微笑着伸出手来同我们一一握手。我们跟着毛主席走进了专列会客室。

专列会客室是由整节车厢改装而成的，室内宽敞、陈设简朴。地上铺着深色地毯，中央是一张长条桌，桌上铺着白色的丝质台布，长桌两侧放着几张椅子。在其中一张椅子前的桌面上放着一本学生用的练习簿、几支削好的铅笔，前面还摆着一盘子香烟和一只烟灰缸。毛主席走到那张椅子跟前就坐下了。他见我们还站着，就用手示意要我们坐在他对面，又指着桌子上那盘香烟说，想抽烟就请自己动手。我们各自点燃了一支烟，这是天津产的"恒大"牌香烟。毛主席首先问了我们的姓名和籍贯。当毛主席听到我姓"包"时，随口就讲，噢，包公的"包"。我自我介绍是无锡本地人，毛主席听了就颇感兴趣地问，此地为什么取名"无锡"？这一问出乎我的意料。我记得早年看过的《新列国志》上曾有一段关于无锡得名由来的记载，就回答说，这里有座山，过去产锡，故名锡山，相传在战国时代，秦国派大将王翦领60万大军攻打楚国，曾驻兵在锡山附近，士兵在扎营时挖出一块碑，上面刻着12个字"有锡兵，天下争；无锡宁，天下清。"那将军见到此碑后，传令此地应取名为无锡，以示天下太平。从此这里就被称为无锡。毛主席听了马上就追问，你是从哪里知道这个传说的？秦国的军队怎么会打到你们吴国来了？我一下子被问蒙了。由于年代已久，我对这个传说的内容和出处没有把握，也许有差错，于是我就迟疑地说，可能是楚国有个姓秦的将军带兵驻在锡山……毛主席听后笑着说，这差不多。后来当毛主席听到无锡马迹山的得名由来时，还若有所思地说，噢，秦始皇也到过这里。这样随便聊了几句以后，我原先紧张的心情开始放松了。

这时候，毛主席拿起铅笔轻声说，好吧，开始谈吧。我们就开始汇报。汇报时，专列会客室内仅有毛主席和我们共3个人。毛主席连秘书也没有用，自己听汇报，自己动手作记录。汇报的形式是问答式的，即毛主席提问，我们回答。有时我们答不上来，他也并不介意，只是抿一抿嘴，再换一个问题。毛主席在提问时态度非常随和，丝毫没有架子，就像在和我们聊天一样。过了一会儿，我感到有些热，就把手中的烟蒂放在桌子边上，然后脱外衣。谁知那烟蒂上的烟灰掉到了地毯上，被毛主席看到了，他不声不响地拿起了那烟蒂放到烟灰缸上。我顿时觉得脸上一阵发热，暗暗责怪自己的疏忽和粗心，同时又深切体会到毛主席是多么平易近人。

在听取汇报的过程中，毛主席对有关资本主义工商业社会主义改造的情况十分注意，他详细询问了无锡民族资本主义工商业发展的历史和现状、民族资本家代表人物的情况及其对社会主义改造的态度。我们向毛主席汇报，无锡市早在1949年6月就有了第一家公私合营工厂——华昌丝厂，那是刚解放在接收敌产时发现该厂除敌股外还有私股，持有私股的资本家表示愿意与人民政府合作经营，即公私合营。毛主席要我们详细谈谈在接收官僚资本企业的过程中，是如何处理其中的私股的。正好我曾在华昌丝厂蹲点工作过好长一段时间，情况比较了解，就胸有成竹地向毛主席作了汇报。我们又汇报了无锡市第一个由资本家自愿主动申请公私合营的工厂是荣德生的开源机器厂，这家厂在合营前夕累计亏损已达65万元之多。1952年10月批准公私合营，后改为无锡机床厂，公私合营后第一年就扭亏为盈。无锡市委在1953年年底作出全面规划，决定在第一个五年计划期间逐步对有影响的大型私营企业实行公私合营。为此，市委抽调一批干部组成工作组，进驻有关厂家开展调查研究。市委的方针是成熟一个就合营一个。这个"成熟"，主要是指资本家对公私合营的自愿程度。无锡的荣毅仁是在全国有影响的民族资本家，他在1954年年初就从上海专程赶来无锡，主动到市委找我，提出公私合营申请。当年7月，荣氏在锡企业全部公私合营，为无锡的私营企业起了示范作用。同年年底，全市已有18家公私合营企业，其中私人资本额占全市私人资本总额的一半以上。1955年8月初，又有27家私营企业被批准公私合营。这样，全市主要的大中型私营工厂基本上已全部实行了公私合营。由此可见，无锡市的私营工商业者对社会主义改造的态度从总体上讲是积极的。同时，在许多私营工厂已建立了党、团、工会组织，成立了增产节约委员会，广大职工都盼望早日实行公私合营。听到这些，毛主席高兴地笑了。对于我们无锡如何处理好跑到海外去的资本家在锡私股的方法，毛主席也十分注意，遇到我们没有讲清楚的地方，他总要问个明白，一问到底，在记录时连小数点后面的数字也不放过。

我们向毛主席重点汇报了市委关于私营缫丝厂公私合营合并方案，以及第一批试点的情况。无锡市生丝年产量14000公担，产值3700多万元，约占全国的30%、全省的76%左右。全市有缫丝厂29家，其中地方国营厂3家，已公私合营厂4家，尚有私营厂22家。从1952年起，全市所有私营厂生产已纳入国家计划，为国营中蚕公司加工订货，产品主要供出口，为支援国家的社会主义工业化建设作出了贡献。但是，无锡市的私营缫丝厂绝大部分是小厂，职工在500人以上的仅有两家，而且厂房简陋、设备落后、劳动生产率低下、资金不足且周转不灵，有些厂靠贷款维持生产，甚至有的厂还以煤油灯作生产照明用,生丝品级不高。这些厂长期处于困难境地,虽经人民政府多方设法加以扶持,但是仍未从根本上解决问题。对这些小厂如何进行社会主义改造?市委按照中央提出的统筹兼顾、归口安排、按行业改造的方针,决定以大厂带小厂,以立车带坐车,以先进带落后,先合并再合营,即把全市22家私营厂与2家新合营厂先合并为8家中型厂,再实行公私合营。市委在下半年开始的第一批试点,到9月下旬已经结束,3家小厂合并成公私合营无锡市缫丝一厂。从试点结果来看,产量、质量及劳动生产率均有提高,消耗也有降低。原先对并厂持怀疑态度的资本家惊喜地说,这真出乎意料!他们现身说法,向其他资本家宣传并厂合营方案的优越性。据测算,并厂合营后,在不增加设备和人员的情况下,可增加产量60公担,生丝等级也能较大幅度地提高。毛主席仔细听了我们对本市缫丝业这种"先私私合并,后公私合营"的改造方案,很感兴趣,当即用形象的比喻表示赞许:好嘛!前个时期我们先吃了苹果,现在再吃葡萄嘛!这就是在"对资改造"中家喻户晓的"吃苹果"和"吃葡萄"这一生动提法的由来。

时间在悄悄地流逝。汪东兴走了进来,轻声地提醒毛主席原计划一小时的停车时间已到,请示专列何时开车。毛主席看了看我们,用商量的口气对汪东兴说,延长10分钟吧,怎么样?接着继续听我们的汇报。我们意识到时间不多了,就很快结束了汇报。最后,我们向毛主席请示说,在公私合营过程中,已发现有少数资本家在转移、抽逃资金,该如何处理?毛主席一边放下铅笔一边讲,这个以后再说吧……说着就站了起来,我们也立即起身和毛主席握手告别。毛主席一直把我们送到车厢门口。我们依依不舍地下车后,就目送着毛主席的专列徐徐开动,并逐渐加速向苏州、上海方向驰去。

就在这次汇报以后不久,我接到通知,赴北京参加中共中央政治局召集的有各省、市、自治区党委代表参加的资本主义工商业改造问题会议。会议在中南海怀仁堂举行。我在会议上作了近20分钟的专题发言，专门介绍无锡市对私营缫丝工业实行全行业合并合营的情况。会议最后讨论并通过了《中央关于资本主义工商业改造问题的决议（草案）》，要求各地把对私营工商业的社会主义改造从个别企业的公私合营推进到全行业公私合营。《决议》指出这是从资本主义私有制过渡到社会主义公有制的具有决定意义的重大步骤。会议结束以后，无锡就和全国一样，掀起了对资本主义工商业进行社会主义改造的高潮，实现了一个伟大的历史性的变革。正因如此，毛主席在这场伟大的变革高潮前夕，亲临无锡调查研究，以及我奉命向毛主席汇报一事，更使我终生难以忘怀。

（根据包厚昌同志生前讲话录音整理，整理人：陶克华）

毛主席在无锡二三事

朱源生　陆阿胖　张英华

60年代初，毛主席曾两次到过无锡，都是住在小箕山招待所（现名锦园宾馆）。我们有幸参加了接待毛主席的生活服务工作，时间虽然不长（仅七天），却使我们终生难忘，这是我们一生中所接受的最光荣的工作任务之一。在生活服务工作中，我们耳闻目睹了伟大领袖在生活上的一些琐事，看似平凡，却使我们深受感动、教育。时隔30余年，回想起来，倍感亲切。

1961年12月上旬的一天，太湖饭店接到市委关于准备接待中央首长的指示。市委要求将小箕山招待所的一号房和二号房作为接待用房，在三天内做好全部接待准备工作，同时强调不用现有的沙发床，而要专门制作一张大尺寸的木板床，还要设法借一套记载无锡历史的《金匮县志》……虽然，市委的指示并没有讲明要来的中央首长是谁，但是，从市委指示中的具体要求来看，要来的中央首长很可能就是毛主席！毛主席要来了！大家又惊又喜，这可是多年来我们每一个接待工作人员内心所一直盼望的呀！建国以后，我们曾接待了党和国家的许多领导同志，但是还从来没有接待过毛主席。我们一直在盼望着毛主席能到我们这里来住一住。尽管大家十分激动，但是因为有工作纪律，谁也不说穿，都是心照不宣，认真进行紧张的准备。经过三天三夜的努力，总算先后顺利通过了市公安局、市委常委会的专门检查。12月12日夜，省公安厅长洪沛霖专程赶到无锡，亲自来作最后的检查。他告诉我们，要来的中央首长就是毛主席。他检查以后，又提出若干改进意见，例如毛主席用的床一定要结实、牢固，外床沿要比里床沿高出几公分，沙发椅也要加高，要尽可能适应毛主席的生活习惯。第二天，因其他无关人员已全部撤出一、二号房，洪厅长就亲自动手和我们一起做准备工作。当天下午，毛主席的卫士长李银桥等人先行到达小箕山。根据他们的意见，洪厅长又带着我们把那张硬板床从二号房抬到一号房，并撤下我们已准备的绸缎被面的被子，换上他们自己带来的已洗得褪了色的毛巾被。等我们抱着绸面被子走出卧室时，蓦然发现会客室的大沙发里坐着一位身材魁伟、仪态慈祥的长者，他满面红光，一边吸烟，一边在向我们微笑——啊，毛主席！我们见到了日夜思念的毛主席，激动得不知说什么才好。同志们中不知是谁说了声："茶水炉还没有生火呢。"于是大家就立即赶去生火烧水，为毛主席沏茶……

在毛主席带来的行李中，除了一个铺盖卷外，其他全是书籍和文件，其中有马、恩、列、斯的经典著作，有古今中外的图书。毛主席的卫士按照毛主席的习惯，靠床里头几乎一半地方都堆放了书。此外，桌上、凳上、沙发旁的茶几上……也都摆满了书籍、文件，以便毛主席随时翻阅。就是在卫生间里，也根据毛主席的习惯，摆了一张小茶几，上面也放了几本书，其中包括我们通过市文化局借来的《金匮县志》。毛主席是一位知识渊博的人，还仍然这样爱读书，这是我们没有料想到的。读书既是他的一项工作，又是他的一种休息，已成为他生活中必不可少的一部分。毛主席在锡期间，白天听取华东局、江苏和安徽省委及苏南几个地、市委领导同志的汇报，晚上就读书、批阅文件。每天凌晨三四点钟，毛主席的卧室里仍亮着灯光，他还在工作。有一天下雨，毛主席醒来后，就倚在床上整整看了一天的书和文件，连晚饭都忘了吃。到半夜时，我们值班的同志听到招呼电铃声，走进毛主席卧室一看，他老人家倚床睡着了，手中还拿着一本书。床边桌上摆着我们送去的晚饭，原样没动。电铃是卫士长按的，他要我们那位值班的同志帮忙，一起为正在熟睡的毛主席换睡衣，以便让他更好地休息。平常，毛主席每天只睡五六个小时，这一夜睡了八个小时。毛主席的保健医生、护士和卫士们都高兴极了。我们也是这样，把让毛主席休息得好作为自己的头等大事。为了不影响毛主席休息，我们每天总是在半夜以后才去花园整修花木、擦洗路灯和打扫卫生。负责为毛主席送茶水的同志还特地换了一双新布鞋，并拆去了刚钉上的鞋掌，以免走路发出响声打扰毛主席的工作和休息。

1961 年是毛主席向全党倡导调查研究之年。毛主席在无锡时注意从各种渠道了解情况，进行调查研究。他把一些地方的党、政、军主要领导人请到小箕山来，听取他们的情况汇报，同他们一起商量克服经济困难的办法。同时，毛主席在小箕山还批阅了不少报告及人民来信，并抽空阅读《金匮县志》和《无锡日报》。在毛主席的身边有两名江苏籍的卫士，毛主席让他们先后回家乡探亲，要求他们顺便在家乡作调查研究，带回第一手资料。无锡的太湖风光闻名遐迩，紧邻梅园的小箕山，更似镶嵌在烟波浩渺的太湖之中的一颗明珠，岛上长满了终年常绿、青翠欲滴的香樟、绿竹、雪松和扁柏，生机勃勃、郁郁葱葱。可是，毛主席两次住在小箕山时，除了工作、还是工作，从未去游览过这山清水秀的太湖风光。有一次，毛主席提出要在太湖中游泳。我们早已读过毛主席充满革命豪情的《水调歌头·游泳》，这首词体现出毛主席"不管风吹浪打，胜似闲庭信步"的伟大气概，也表现出毛主席"今日得宽余"的愉悦心情。我们也衷心希望毛主席在锡期间能休息好，遗憾的是因水温太低，无法满足他老人家的愿望。为了让毛主席在紧张的工作之余能尽可能休息好，市委在太湖饭店小礼堂组织了两次小型文艺晚会。在晚会上，毛主席高兴地观看了省歌舞团、市锡剧团的演出，并招呼一些演员坐到自己旁边，同他们亲切交谈，鼓励他们多到基层为群众演出。

更使我们忘不了的是毛主席艰苦朴素的生活和平易近人的作风。我们一位同志在为毛主席洗衣服时，发现毛主席的衬衣、睡衣都已打过补丁，还有一位同志在为毛主席的中山装缝纽扣时，发现这件外衣口袋处也已织补过。我们的同志感动得热泪盈眶，想不到作为全党和全国人民的领袖竟还穿着打补丁的衣服。毛主席的饮食更简单，一天吃两顿饭，从不要水果和点心。每餐总是三菜一汤，以他常年爱吃的辣椒、豆豉等蔬菜为主。人民解放军驻锡部队首长听说毛主席来了，曾专门派人为毛主席送来一口猪，于是，我们几次提议为毛主席加菜以改善伙食，毛主席都没有同意。我们请厨师为毛主席做了一个无锡名菜——酱排骨，他也没有尝一块。记得他老人家当时说，现在是经济困难时期，领导干部要带头和群众一起艰苦奋斗，共渡难关。毛主席用餐时吃的饭也不是全部用大米煮的，里面掺和了小米，我们称它为"两米饭"。也许是他老人家永远忘不了在延安时期的生活吧。

毛主席最使我们感到平易可亲的还有，他让卫士回家乡探亲时，特地关照生活秘书要为探亲的卫士准备一件棉大衣，以作路途御寒之用。有一名卫士在做毛主席一行离锡准备工作时，写了几张有"随身携带"字样的标签，准备贴在行李箱上。毛主席发现那卫士把"随"字写错了，就亲自写了一个大大的"随"字，并耐心地一笔一画地教那名卫士学会了"随"字的写法。此时的毛主席就像一位和蔼、慈祥的长者和老师。看到这动人的情景，我们的眼睛都湿润了。毛主席对我们也很关心，第一次见面时，亲切地询问我们每个人的名字和籍贯，离锡时还把我们召集来向我们表示谢意。当我们异口同声地说欢迎毛主席再来时，他高兴地说，我还来！是的，我们一直在盼望着毛主席再到无锡来。我们的一位同志至今还保存着那双因接待毛主席而拆去了鞋掌的新布鞋，一直留作纪念，舍不得穿，并曾一心想着等毛主席再来时才穿呢！是啊，我们多么想再当一次毛主席的生活服务员呵！

（陶克华整理）

有困难，但也有办法有希望

何冰皓

60年代初，我任中共无锡市委第一书记。在此期间，有幸于1961年、1962年先后两次接待了毛主席来锡考察工作。尤其在第一次，我能够参加毛主席亲自召集的座谈会，当面向毛主席汇报，直接听到毛主席的许多重要指示，使我受到了极大的鼓舞和勉励。

1961年12月13日傍晚，毛主席在视察了广州、杭州和上海之后，一路风尘仆仆来到无锡。我跟随当时的江苏省委第一书记江渭清同志到火车站把毛主席接到了掩映在湖光山色之中的小箕山招待所（现为锦园宾馆）。毛主席这次到南方来，主要是就国民经济的调整进行调查研究，为即将召开的扩大的中央工作会议（即七千人大会）做准备。在无锡三天时间内进行了两次座谈。14日，听取了江苏省委和部分地市委的工作汇报。15日，与江苏省委第一书记江渭清同志、安徽省委第一书记曾希圣同志和南京军区司令员许世友同志商谈工作。16日下午，毛主席离开无锡返回北京。

我参加的是14日举行的座谈，出席的有江渭清同志、许世友同志、苏州地委第一书记储江同志、镇江地委第一书记李楚同志和我。下午3点，当我们一行来到毛主席住处的会客室时，毛主席已站在门口等候我们了。事后听服务员讲，毛主席先到会客室看了一下，数了一数座位，见安排妥当了，然后才让工作人员打电话通知我们去。进门后，汪东兴同志将我们一一作了介绍。毛主席让我们坐下，就很亲切地同我们交谈起来。毛主席问许司令员从哪里来？当得知他刚从嵊泗列岛赶来时，连连点头说："噢，这么远赶来，辛苦了。"又问身体怎么样？许司令员答："很好，没什么病。"毛主席风趣地说："我可吃了大苦头了，医生说我有高血压，这样不能吃，那样不能吃。我对医生的话是又听又不听。在延安时还不懂什么高血压。现在，这个病那个病都冒出来了。"许司令员说："还有什么胆固醇。"毛主席说："其实这些病过去也有，可能不注意，就像地上的蚂蚁，站起来看不见，蹲下去就满地是。"座谈就在这么一种气氛中开始了，我原先还有一点紧张的心情，很快就感到轻松起来。

接着就由江渭清同志和我分别汇报工作。毛主席听得十分仔细，还不时提出一些问题或作一些插话。通过这些问题和插话，一方面循循善诱地引导我们把主要情况客观、充分地反映出来，另一方面也对我们的工作作了许多具体指示。

给我印象特别深刻的是毛主席对形势的分析，他以革命领袖那种宽阔胸怀和伟大气魄来看待世界，高屋建瓴，气度恢宏，始终充满着一种革命的乐观主义精神。在谈到国际形势时，毛主席说：现在美帝国主义和各种反动势力搞联合反华，但我们不怕孤立，也不会孤立。这些人总是少数，百分之九十五以上的人在我们这边。真理在我们这边。我们顶得住，我们很乐观。对于当时国内形势，毛主席一再强调说：有困难、有缺点不要怕，错误、缺点有的是，可以讲几十条，但要认识清楚，这是可以克服的，不要理不直、气不壮，不要灰溜溜。江渭清同志具体分析了我省粮食生产的形势，讲到今年农村集体粮食的分配数比去年要少，但现在活路多了，算上自留地和十边田，估计百分之七十比去年好，百分之十五一般，百分之十五不好。毛主席很赞赏他作这样的具体分析。在江渭清同志汇报到"条件大体相同，主观努力不同，效果也大不相同"时，毛主席说："你讲得好。"还问我们无锡有没有这样的例子，并鼓励我们要充分利用有利条件、发挥主观能动性，去战胜困难。毛主席指出，对困难也要坚持两点论，在困难面前要看到潜力，潜力是很大的。有困难，但是也有办法，有希望。毛主席还充满信心地说："久卧思起，现在到了起床的时候了。到了谷底，就要上山了。"当时，我国国民经济处于困难的时期，许多干部情绪有些低沉，不知如何是好。听了毛主席这番话，我深为其积极乐观、充满辩证精神的分析所感染，不由产生出一种豁然开朗、振振欲起的感觉。

毛主席十分重视农村工作。这年9月份，他根据亲自调查掌握的情况和一些省的意见、向中央写信提议将人民公社的基本核算单位改为生产队，为此，中共中央10月7日发出了《关于农村基本核算单位问题给各中央局、各省、市、县党委的指示》。这次毛主席到无锡来，就详细询问了江苏省的贯彻情况。针对当时一些干部认为这样做是倒退，毛主席指出："这不是后退，这恰恰是前进。江渭清同志不是讲底子薄吗？国家底子薄、工厂底子薄、公社底子薄，最主要的是现在生产队底子薄。要使生产队的底子厚起来，就要以生产小队（即生产队）为核算单位。没得肥料，要靠小队去搞，要把牛养好，还不是要小队去养？农具的使用保管，也要靠小队，要把劳动力组织好，主要也要靠小队。所以要多花工夫搞好生产小队，扩大生产小队的分配权。"毛主席还详细询问了粮食生产和收购的情况，江渭清同志汇报，全省粮食产量去年186亿斤，今年是170亿斤，有些县减产了。毛主席对江的如实汇报表示肯定，听说江苏省当年的粮食收购任务已基本完成，棉花收购已超额完成，毛主席很高兴，说："你超额的统统给你江苏，调动你们的积极性。"江渭清同志表示："不要这么多，只要四六分成，省里留四成就够了。"毛主席说："我同意，大包干，就是要调动积极性。"毛主席还号召我们向土地要粮食，向土地要资源。他对我说，无锡有太湖这样大的水面，要多养鱼，解决群众的吃鱼问题。他了解到江苏烧柴、竹子、木材比较紧缺，就提出：江苏不是也有山吗？要多种植一些树，江西开发山区搞得比较好，中央准备开个南方十省山林工作会议。江苏也要去学习一下。他还特别提到江浙两省的蚕桑要发展起来，搞好了，可以多出口，多赚点钱。

对于城市工作，毛主席也作了详细了解。当时"工业七十条"已于9月份发各地试行，毛主席询问了江苏省的贯彻情况。当听到我省正在70多家工厂搞试点时，毛主席说："你们还在试点？已搞了两个多月了。"可以明显感到，毛主席是希望把中央有关国民经济调整的一系列政策、条例尽量快一点传达贯彻下去，以尽快调动各方面的积极性，促进经济形势的好转。过后，省里很快采取措施，进一步加快了"工业七十条"的贯彻进度。关于工业管理体制问题，当时中央正在调查研究。毛主席这次来锡，征询了这方面的意见。毛主席问我，无锡有几家工厂划归中央？我告诉他：划给一机部的1家，划给农机部的3家。毛主席又问了是集中统一领导好还是分到地方管理好。我和江渭清同志联系无锡和江苏的实例作了具体回答。江渭清同志在汇报中谈到，认真提高产品的质量就是跃进。毛主席对这一提法觉得颇有道理，连连说："你再讲讲。"江渭清同志举例说：常州生产的电灯泡，过去每只可用800小时，现在能达到1600小时，毛主席说："好，相当于增产一倍。"江渭清同志汇报了南京搞十副担子（指小吃、小零售、小手艺等担子）串街，既活跃了市场，又方便了群众的做法。毛主席听了很有兴趣，连声说："这办法好。"

作为党和国家的主要领导人，毛主席对于困难条件下人民群众的生活倾注了极大的关心。谈话中，他仔细了解了无锡普通群众的吃饭穿衣问题，问我：无锡得浮肿病的人多不多？死了人没有？我一一作了回答。毛主席说："你们要搞瓜菜代。"我说："已经代了，不代更不行。"毛主席问：口粮标准要多少才可以不得浮肿病？我说："有上海的标准就可以了"。毛主席幽默地说："看来你是对老柯（指柯庆施）有意见啊？"我说："不是对上海有意见，上海的标准也不算高。"毛主席还问了无锡的穿衣情况，我实事求是地回答："布票不够用，有些老百姓只好买手帕缝衣服给小孩子穿。"毛主席说："你们可以多搞一些杂杆纤维。"我说："没有棉花也不行。"毛主席转向江渭清同志说："你们棉花不是超额完成了吗？给先念同志说一说，超额的部分给你多留一点，你给一点这位书记，好让他搞杂杆纤维，多发点布票。"又叮嘱我们："克服困难，要依靠群众。""要把群众生活安排落实好。"听着毛主席对人民群众的生活了解得这样细致，考虑得这样周到，我心里涌动着一股又一股暖流，觉得对于"全心全意为人民服务"这句话的含义有了更深一步的理解。

　　三个小时过去了，我们似乎没有丝毫觉察时间的流逝。在这样长的时间里，毛主席始终挺直腰板听着、讲着，没有一点倦意。毛主席那辩证的思维、精辟的论析、乐观的精神、平易的作风深深吸引着我，而他那种沉稳冷静地处置严重困难局面的大智大勇，对人民群众无比深切的关心，更使我受到了极大的鼓舞和教育。虽然当时明确规定，毛主席谈话的内容不准记录，不能传达，但过后我还是经不住市委几位常委同志的一再要求，分别向他们转告了一些基本精神，同时决定在工作中认真加以贯彻。一个月后，七千人大会召开了，由于我们事先已有了一定的思想基础，所以在贯彻大会精神时，无锡的工作就更为主动。

（杨玉伦　整理）

一次难忘的会见

陈西光

1955年10月上旬,中共中央召开扩大的七届六中全会,会议着重研究农业合作化问题。当时我担任中共镇江地委书记,有幸赴京列席这次会议,直接聆听毛主席和中央其他领导同志的讲话,参加了对这个问题的讨论。

10月中旬,会议结束后我从北京回到镇江。11月初的一天,我接到江苏省委书记江渭清同志从南京打来的电话,通知说:"毛主席明天早晨乘火车到达镇江火车站,要听你们汇报工作,你同高俊杰专员准备一下,一起去向主席汇报。"接完电话后,我和高俊杰感到既兴奋又紧张。我们心想,毛主席日理万机,操劳全党全国的大事,为了领导全国的农业合作化运动,他并没有止于七届六中全会已经作了《关于农业合作化问题的决议》,继续深入基层,作进一步调查研究。六中全会刚结束,这么快就下来视察,这种工作作风使我们深受教育,特别是亲临我们镇江,更是对我们镇江专区全体干部、群众的关怀和鼓舞。我们两人代表全区人民直接向毛主席汇报,深感责任重大。于是我们和办公室的同志立即投入紧张的准备工作,从镇江专区的基本情况,到近年来地委、专署所做的主要工作,包括各项重要数据,都一一摘记在本子上,并尽可能强记在脑子里。这样忙了大半夜,翌日天色未明，我们就驱车前往火车站（今镇江西站）。

待我们到达火车站时，毛主席乘坐的专列已停在月台边。专列工作人员即带我们上了车。车厢布置得像个会议室，中间有张长条桌，两边放着座椅。片刻，见毛主席从车厢顶头向我们走来。主席着一身银灰色中山装，亲切地同我们一一握手，而后招呼我们坐下，他自己也在长条桌北沿面对着我们坐了下来。毛主席从桌上拿起罐装"红中华"香烟让我们抽。我是真的不会抽，老高会抽，此时也跟着说不会抽。毛主席见我们有些拘谨局促，就主动同我们聊起话来。

"你们辛苦啦！"毛主席再次亲切地同我们打招呼。

"毛主席辛苦。"我们几乎齐声回答。

毛主席接着说："我关照江渭清同志不要事先告诉你们的，结果还是提前告诉你们了。"

"你们多大年纪了？"主席问。

"38岁。"我和高俊杰同时答道。

"好，都是38岁，年轻有为，好好干。"主席笑盈盈地鼓励我们说。

主席又问高俊杰："你是哪里人？"

"南通人。"高俊杰答。

"清末的状元张謇和你是同乡？"

"是的。我家在二甲镇，离张謇家很近。"

"你们这位老乡对发展民族工业是很有贡献的。"主席十分肯定地说。

毛主席又问："你们知道《西游记》里写的那座花果山在哪里吗？"我俩没有贸然作答。

毛主席说："就在你们江苏嘛，连云港。你们年轻的同志都应该上去转转，说不准会碰到孙悟空。"

毛主席这几句幽默风趣的话引得我们两人都笑起来了。我们上车时的紧张心情已完全消失，觉得眼前这位全党和全国人民的领袖是多么平易近人，和蔼可亲！

接着，毛主席慈祥地看着我俩说："好，就此打住，进入正题。"说完，他从桌上的笔筒里抽出一支铅笔，又顺手拿起一本16开的白纸簿。我和高俊杰首先汇报了镇江专区的面积、人口、行政区划和工农业生产发展的基本情况。毛主席一面专注地听我们汇报，一面还细心地做着记录，从不轻易打断我们说话。主席听完我们汇报后，又要我们着重谈谈农业合作化的情况。

于是我们就向主席作镇江专区农业合作化运动的专题汇报。

早在1950年和1951年，镇江专区农村就结合土改，陆续组织了一批互助组，开展爱国丰产竞赛。至1952年底，全区已有近半数的农户参加了互助组。从该年下半年起，一些地方即开始在发展互助组的同时试办初级农业生产合作社，地委则于7月在丹阳横塘乡试办了全区第一个初级社。1953年建社工作逐步推开，至1954年底，全区即有初级社6000余个，入社农户占农户总数的18%。从1955年下半年起，全区进入了群众性合作化运动的新阶段，并开始试办土地公有不分红、实行按劳分配的高级社，至同年9月，全区已办高级社4个。各地根据党中央关于"书记动手，全党办社"和"只准办好，不准办坏"的指示，采取"发展一批，巩固一批，准备一批，再发展一批"的做法，大部分农业社办得是比较好的。这种农业社适应了当时农村生产力发展的水平和农民的觉悟水平，促进了农业的增产，因而受到广大农民的欢迎。金坛县庄阳农业生产合作社1952年水稻比上年增产六成，特写信向毛主席报喜。毛主席于1953年1月2日复信给该社，予以热情鼓励。

毛主席饶有兴趣地听我们的汇报，不时还提出一些询问。当我们谈到地委规划时，毛主席以商量的口吻，与我们讨论了农业合作化的步子是快一点好，还是慢一点好？农业合作社的规模是大一点好，还是小一点好？

面对主席的这些提问，我不由得立刻想起他老人家在刚刚结束的七届六中全会上的一段重要插话。记得当时中央上海局书记柯庆施在会上发言时，毛主席风趣地问他："老柯，你也是五省督军，你说说你们华东实现合作化需要多少年？"柯答："大约要3年。"主席又问坐在近处的当时担任四川省委书记的李井泉："你们四川合作化要几年完成？"李答："我们四川落后些，要5年才能完成。"主席当即表态说："你们3年、5年完成都可以。"我们深知，为了尽早使我国几亿农民摆脱贫困走上共同富裕的社会主义道路，毛主席殚精竭虑，其愿望和心情是非常急切的。这集中表现在他当时关于农业合作化问题的若干讲话和指示中，但在对某个地方工作的具体指导上，他也并非"一刀切"地要求各地不问条件同步发展。

我们在主席面前依据镇江专区的实情和工作中的体会，无拘束地谈了自己的认识。在办社的进度上，我们是主张快一点的，同时也提出要有先后，少数偏远的地方，办社条件不具备，暂时还可缓一步。至于办社规模，我们对主席说："村子大、人口密集的平原坪区，合作社办大一些好。社大了，人多劳力多，牛多，农具也全，生产容易搞上去，贫下中农经济上翻身就能快一些。而丘陵山区，村庄散，人口少，耕地也不集中，农业社还是办小一点好，这样有利于生产，也容易管理。"

毛主席一直细心地听着我们的汇报，有时还在白纸簿上做些记录，眉宇间不断掠过思索的神色，却并没有对我们的回答表态。但我联想到他在北京会议上对柯庆施和李井泉回答的表态，思忖着主席是会同意的。

这是主席的一次纯粹的对基层农业生产合作社情况的调查。农业合作化是继土地改革之后中国农村的又一场深刻的社会变革。毛主席为这场有5亿农民参加的大规模群众运动，不辞辛劳，调查研究，付出了巨大的心血。据主席在七届六中全会上说，他"用11天工夫关了门，看了120篇报告。……包括改文章、写按语在内"，编成了《怎样办农业生产合作社》一书。此书后来印出样本发给我们参加七届六中全会的同志。全会对农业合作化问题作出决议后，主席又再度南巡，深入了解下情，并嘱各省、市、自治区尽快将反映合作化运动的新材料送给他。毛主席南巡结束回京后，即倾注大量精力，依据掌握的资料，着力重编《怎样办农业生产合作社》，阅读和研究了数百篇材料，从中遴选176篇、90多万字，易名《中国农村的社会主义高潮》于1956年1月正式出版发行。毛主席为此书先后亲自写了两篇序言和104篇按语。他老人家后来称这次为农业合作化问题的调查是新中国成立后的"第一次调查"。

  时间在不知不觉中飞逝而过，我们和主席的谈话已有一个多小时，话犹未尽。主席说："今天就谈到这里，你们辛苦了。"我俩起身告辞，同声说："主席辛苦，该好好休息了。"毛主席离座缓步相送，直到车厢门口。我们激动地同主席握手告别，走下火车，站在月台上目送着列车迎着晨曦缓缓向上海方向驶去。我同高俊杰怀着无比兴奋的心情，久久不能平静。

  岁月嬗递，世事沧桑。毛主席为了社会主义新中国的繁荣富强，在五六十年代进行了艰辛的探索，有成功，也不免有失误。发展农业，一直是他长期着力要解决的重要问题。尽管农业合作化存在某些实际工作中的偏差，但个体农业的社会主义改造方向是正确的，是符合客观需要的，个体农业的社会主义改造的完成具有伟人的历史意义。农业合作化的实现，使广大农民群众摆脱小块土地的束缚，走上了合作经济的道路，为促进农村生产力的发展创造了有利条件。此后的20多年，我国的农业在曲折发展中前进，积累了深刻而宝贵的历史经验和教训。党的十一届三中全会以来，在党的领导下，广大农民群众创造各种形式的农业生产责任制，并不断加以总结和完善，实行家庭联产承包为主，统分结合、双层经营，从而使我国的农业得到蓬勃发展。每当我看到今天农村欣欣向荣的崭新面貌，我就不禁想起38年前他老人家亲临镇江向我们作合作化问题调查的情景。毛主席一路风尘仆仆地调查研究，夜以继日地为着人民的幸福而紧张工作的形象，深深地印在我的脑海中，历历如在眼前，永远感动着我，教育着我。

（周光义、莫仲钧整理）

五次幸福见到毛主席

张敬礼

1953年12月26日，我在北京参加全国政协会议时，毛泽东主席、周恩来总理等中央领导同志接见了我们全体政协委员，并合影留念。记得当日下午合影后，我被邀到一间会议室稍候，不多时，即请我去就餐。走进饭厅抬头一看，毛主席也参加了这次晚餐，当时，我的心情是又喜悦，又激动。忽然，有位同志站起来提议为毛主席身体健康祝酒，大家跟着都举杯站了起来。这会儿，我才知道，今天是毛主席的生日，我居然也被邀请来参加这次小范围的聚会，真是太荣幸了。

1955年10月29日，毛主席约请全国工商联和民主建国会全体委员到怀仁堂，谈民族资产阶级前途问题。记得当时大家都感到非常兴奋，心情无比喜悦。会场的气氛显得亲切而又热烈，毛主席谈笑风生，对工商界的社会主义改造十分关心。毛主席对我们说了许多勉励的话，印象最深的是这几句："只要为人民做好事，好事做得越多，前途就越好，这是成正比例的。不要像十五个吊桶打水，七上八下。可以放心，改造中遇到的问题，可以经过商量、考虑，调查研究，实事求是地求得解决。"听了这番话，我更增添了积极参加社会主义改造工作的信心。

1956年2月1日晚上，毛主席在怀仁堂举行宴会，招待出席政协第二届全国委员会第二次全体会议的委员,给我的请帖上特别注明"请在第一席就座"。起先,我还弄不清"第一席"是怎么回事,宴会时间到了,我找到指定的座位,才知道第一席是和毛主席、周总理同席。我坐在毛主席身旁,周总理和毛主席相对而坐。同席的还有刚从美国归来的钱学森同志,总理身旁坐的是鞍钢的一位总工程师,还有香港、澳门的两位商会会长。

席间,我们向毛主席敬酒,主席说:"我和总理分工,请向总理敬酒,香烟敬我。"主席看出我有些局促,就和蔼地同我谈起我的家世来,主席十分熟悉张家家世,并提到我叔父张謇壮年时随吴长庆军在朝鲜协助抗日的往事。总理风趣地说,我青年时代在南开中学读书时,就拜读过令叔大作,记得是为怡祖命名的(此文题为《儿子怡祖字说》)。文章写得情文并茂。钱学森同志也插话说,他在上小学时,就知道南通张謇,因为小学课本上提到南通是个"模范县"。主席和总理对我国历史人物如此谙熟,使我十分敬佩。由于主席和总理谈笑风生、平易近人,席间的气氛更显得活跃起来了。

毛主席向我了解大生公私合营后生产的情况,还问了大生各厂的规模和工人人数。我向主席和总理汇报了大生公私合营后的新貌,如成本降低、质量提高、原材料消耗减少、产量大幅度上升等情况。并说到大生纱厂合营前每件纱要用棉420斤,合营后降到380斤,这是大生历史上从未有过的事。主席和总理微笑着频频点头,表示赞许。主席对我说:"公私合营的优越性,你是亲身体会到了,可以向大家多谈谈。"主席的勉励,使我受到很大鼓舞。

1956年春,全国形成了工商界全行业公私合营的高潮,各省、市、自治区工商界派代表去北京向中央报喜,在北京全国政协礼堂主席台上,我向毛主席呈上了江苏省工商界的报喜信,毛主席笑容满面地接受了报喜信,并和我亲切握手,周恩来、刘少奇、朱德同志以及其他党和国家领导人都和我亲切握手,这是我终生难忘的时刻。就在隔天的一个下午，毛主席又在紫光阁接见了我们。华东区推派我向毛主席汇报公私合营情况。我事先匆匆忙忙地写了个汇报提纲，临到我发言时，有人问我的"敬礼"两个字怎么写，毛主席举起一只手，做了敬礼的动作，风趣地说："就是我们写信时用的此致'敬礼'的两个字。"我发言时，毛主席从主席台把椅子搬下来，坐在我的身旁，向我提出一个个问题，我逐一回答。回答完毕，原先准备好的汇报提纲都没有用得上。

往事宛然在目，每每忆及，常常令人神往。

近年来，我几乎每年都要回家乡南通看一次。每一次去，都有不少新的感受。党的十一届三中全会以来，我们南通确实是在发生日新月异的变化。今日的南通，正以轻纺工业为主体，形成了纺织、轻工、食品、机械、电子、化工、医药、建材、造船、电力等多门类的工业体系，成为长江三角洲的一个新崛起的城市。1984年4月，南通进一步对外开放以来，在利用外资、引进先进技术方面迈开了新的步子，出现了更多的新气象，真是道路宽广、前程似锦。我是一个年近80岁的老人了，我的一生经历了清王朝、中华民国、中华人民共和国三个时代，走过一段"实业救国"的坎坷道路。随着岁月的流逝，我对党和社会主义的感情与日俱增。我的亲身经历告诉我"实业救国"在旧中国是行不通的，只有共产党领导人民推翻三座大山，中国才能得救，实业才能振兴。一句话，振兴中华要靠共产党领导和走社会主义道路。我们这辈人年事已高，报国之日苦短，报国之心倍切，我衷心希望我们民主党派、工商联的朋友们，和党 条心，以务本求实的精神，为建设具有中国特色的社会主义，贡献自己的才智和力量。

永恒的怀念

董加耕

敬爱的毛泽东主席是位伟大的无产阶级革命家、战略家、理论家，他把毕生的精力和心血倾注给祖国和人民。毛主席对农民和农村特别关怀。我作为一名普通的回乡知青代表，就曾多次受到他老人家的亲切接见，特别是他老人家71岁生日时我荣幸应邀作客。多年来主席的音容笑貌、谆谆教导，无数次展现在我眼前，萦绕在我的心间，使我沉浸在深深的永恒的怀念之中。

1964年12月26日下午，第三届全国人民代表大会全体会议在北京人民大会堂举行。我是这届全国人大的主席团成员，坐在主席台的后一排中间，按姓氏笔画，我和董必武、董其武等在一排。散会之前不久，一位青年服务员通知我散会后就地稍等一会儿，接着又去通知其他人。散会后，只剩下我、陈永贵、邢燕子、王铁人（进喜）四个人在原地坐着。不一会儿，周总理从后台上来向我们四位招手，我们一起围到周总理身边，总理说："跟我来。"他把我们带到主席台后台下北边一间休息室内，我一看朱老总已坐在那里等我们了。周总理叫我们四个人坐下来，并分别向朱德委员长作了介绍。当朱老总得知我是苏北黄海之滨的盐城人时，他问我："你们那里树多不多？"我回答说："不多。"他指示说："你们那里地处沿海，树木要多栽。"事后才知道朱老总曾分管过绿化工作。周总理问我们近来的情况怎么样？邢燕子说："会议多、兼职多，与群众一起干得少了。"总理说："不能层层会议都让你们参加，要与有关部门联系，叫他们给挡一挡，保证你们在基层的时间，千万不能脱离群众。"说完，他和朱老总并肩在前面带着我们四人沿人民大会堂主席台下向西南方向走。转了几个弯，在一间小宴会厅走廊内停下来。这里临时放了几张藤椅，坐着陈毅、贺龙、董必武、陆定一、邓颖超、胡耀邦等领导人。周总理把我们四人一一介绍后说："这几位是主席请来的客人。"当董必武和我握手时，还开玩笑说："小董还是我的老本家哪！"因为董老曾为我的务农日记题过词，印象较深。我说："谢谢董老的关怀。"这时我看到厅内餐桌上已放好餐具，每桌中间放一大盘苹果，摆好了三张桌子，估计是吃饭或陪外宾。总理把我们四人带进客厅，要我们等一等。客人大部分已到了，总理向西门走去（此厅我印象是东西向，坐北朝南，走廊在南边，有两个门，一个东门，一个西门）。没等几分钟，周总理从西门和毛主席一起向客厅走来，全场起立、鼓掌。毛主席满面红光、神采飞扬，穿白布衬衫，衬衫束在腰间裤中。主席首先在靠西门口的一桌面朝东（向大家）坐下，并打手势让大家都坐下。其他两桌是中央和部门负责人。

　　周总理安排我紧靠着坐主席左边（细看主席白衬衫后边还有一块不小的补丁，使我吃惊），主席右边是邢燕子，我的左边是王进喜，燕子右边是陈永贵，王进喜左边是余秋里，依次在我们这桌就座的还有曾志（陶铸夫人）、钱学森、彭真、罗瑞卿。大家坐定后，主席对大家说："今天既不是做生日，也不是祝寿，而是实行三同，我用我的稿费请大家吃顿饭。我的孩子没让来，他们不够资格。这里有工人、农民、解放军和科学家在一起，不光吃饭，还要谈谈话嘛！"主席首先问我："读了几年书？"我说："读了十二年书，高中毕业。"然后又问燕子读了几年书，燕子说："读九年书，初中毕业。"主席又问余秋里读了几年书，余回答："三年小学。"主席说："三年小学能搞出个大庆来，就不错嘛！"这时主席对永贵说："你是农业专家了，多大岁数啦？""50岁。""五十而知天命，搞出一个大寨来，很好！"毛主席又对钱学森说："你是搞卫星的，卫星上天靠你了！"钱说："谢谢主席的鼓励。"忽然，主席又问我："你在乡里能看到《参考消息》吗？"我说："公社只有一份《参考消息》，听说要保密，我是党委委员，偶尔从书记那里看到《参考消息》，就是字太小。"主席向总理说："《参考消息》要多印一些，字要大一些。"周总理说："《参考消息》全国发行30万份，字是小一些。"主席说："反面教材就是反面教员，可以教育人，我们也可以出蒋介石选集。"这时开始进菜了，桌上放了红、白、黄三种酒，主席没喝，大家都没有喝。是分食制，每道菜放一个小搪瓷盘，你不吃服务员就拿走。第一盘出人意料先端给我，我尊重主席，让给了主席，主席收下，并说："谢谢！"第二盘又从我开始，我又让给主席，主席点头微笑收下。到第三盘我又让给主席时，主席对我说："你自己吃。"印象是一共吃12道菜，基本上是素菜为主。

主席不断地给我添饭夹菜，并说："你年轻，农村来的多吃一点。"还叫服务员给我们添饭菜。主席70岁的人，好像只有50多岁，慈祥微笑，平易近人。主席问我："你哪里人？"我说："江苏盐城人。""你是苏北盐城人，你知道盐城有'两乔'吗？"我心里想：我们那里水乡桥很多，怎么能说有两桥呢？我一时没听清主席话的含义，还是盯着主席看，他老人家看我没听懂便提示说："两乔，他们都很会写文章。"这下子我才想起来了，便高兴地回答说："我知道他们是胡乔木、乔冠华。"主席也高兴地笑起来。

主席临散席前还给我们同桌每位客人一只苹果，第一个先拿给我，我收下并说谢谢，他老人家和我们一一握手告别。由于我过于激动，散席时把椅子后边的文件袋给忘了，到人民大会堂会议厅时服务员才赶送给我。主席从西门进入小宴会厅时，许多摄影记者跟进去拍照片。主席和我握手时也拍了一张，是中国青年报社记者铁矛拍摄的。

过去以及近年的不少来访者，要我回忆当时的情景，我均尽最大的努力回忆。主席接见给我印象是非常深刻的，教育是非常深远的。1976年9月9日他老人家为共和国走完了人生的历程，但多年来，我总有这样一个感觉，他老人家离开我们愈是久远，而我们对他的情感却愈益加深。我想这中间的根本原因就是他生前时刻想着人民、关心人民，所以人民永远怀念他、崇敬他老人家。

一个火车司机的思念

张树吾

  1962年麦收季节，一天午后时分，我奉南京铁路分局领导之命开的一趟专列到蚌埠附近的白马湖车站停靠下来。车刚停稳，只见运转车车长陈锦绣向我跑来，高兴地对我说："老张，毛主席要见你哩！"

  毛主席要见我？见我一个普通的司机？我开的这趟专列是毛主席他老人家乘坐的车？听到这突如其来的喜讯，顷刻间我一下子愣住了，几乎不能相信这消息是真的。陈锦绣见我迟疑的样子，连声催我说："快点，快点，真是毛主席要见你啊！"我急忙跳下机头，随陈锦绣向后面的车厢走去。半途中，我突然想起手上的油污还没擦，想返身去拿一把纱头擦擦手，可已来不及了。走着走着，远远地望见前面有几个干部模样的人正在站台上讲话，我一眼就认出了其中一位身材高大的长者："哦，这不是毛主席吗？！"

  我们来到毛主席的身边，记得当时自己激动得心口窝儿怦怦地直跳，脸上发热发胀。陈锦绣指着我向毛主席介绍道："主席，这就是拉这趟车的司机'张大车'——张树吾同志。"（事后我知道是毛主席亲切地询问列车司机的情况，并主动提出要我来见见面的。）毛主席听了，一边点头，一边伸出手来要跟我握手。我赶忙上前一步，忘记了手上沾有油污，伸出双手去握毛主席那曾经做出过多少重要决定的大手。这当口，千言万语涌上心头，却又不知说什么，只道出一声："毛主席，您好！"毛主席紧紧拉着我的手，向我微笑着。老人家幽默而又很认真地说："你是张大车，你是火车头，大家坐你开的这趟车，你就是我们的头。"我听了，连忙摇头说："不，不，我只是开车的，不是头，主席领导我们，主席是头。"这时，毛主席依然握着我的手说："来，咱们一起照张相。你是车头，你在前面。"说着，又把我往身边拉了拉。我看看周围有好几位省里、局里、段里的领导干部，只有我是普通工人，应该让领导同志站到前排才对。所以，我趁主席看着摄影师拨弄相机的当儿，悄悄退到后面去了。一些领导同志站到毛主席身边准备照相时，毛主席突然侧过脸来，一看我不在前排，立即转过身来寻找，慈祥的目光望着我说："你到头排来嘛！"有的领导干部听了主席这话，又赶紧往后退。主席平易可亲的话语再次召唤着我。我觉得不能再犹豫了，就向前跨了两步，站到了前排的边上，摄影师随即按动了快门，留下了无比珍贵的合影，也留下了我这个普通火车司机对伟大领袖的不尽的思念。

不久，我收到了中共中央办公厅寄来的这张与毛主席合影的照片。后来，我又听说这张珍贵的照片我们局里只寄给了我一个人，其他领导同志虽然也参加了拍照，却并没有收到照片，我更感到了一种巨大的幸福。我想：毛主席与我这样一个普通的铁路工人，一个火车司机站在一块儿照相，也是对我们全体铁路工人的关怀。他老人家走到哪里都总是把群众放在心上，要和我们普通群众在一起，毛主席和我们真是心连心啦！

（孙建昌　顾国珍整理）

毛主席三次为《新华日报》题写报头

刘向东　李承邰

《新华日报》原是我党于抗日战争时期在国民党统治区创办的唯一公开发行的报纸。毛泽东同志一直十分重视和关心这张报纸，特别是南京解放后，曾三次为《新华日报》题写报头，勉励新华日报的工作人员办好这张具有光荣传统的党报。

《新华日报》在南京的出版，是在党中央和毛泽东同志的关怀下得以实现的。早在1937年国共第二次合作开始后，党中央就提出在南京出版《新华日报》的计划，但迟迟未能实现。而后《新华日报》于1938年1月11日在武汉创刊。不久武汉沦陷，又于同年10月25日继续在重庆出版。抗日战争胜利后，党中央决定将新华日报总馆迁往上海，在南京出版《新华日报》晚刊，重庆的《新华日报》则改为中共四川省委领导的党报。但由于国民党当局的阻挠，无法在上海、南京出版《新华日报》，重庆《新华日报》也于1947年2月遭到封闭，被勒令停刊。直到南京解放后党中央重新决定在南京出版《新华日报》。

那是在1949年4月24日，周恩来同志在中南海接见并招待准备南下工作的党内外文化新闻界知名人士，范长江、石西民等同志都曾参加。当时，周恩来同志代表党中央宣布，把具有光荣历史的两张党报《解放日报》和《新华日报》的报名，分别用于解放后的上海和南京两地的党报。并宣布范长江去上海筹建《解放日报》、石西民去南京筹建《新华日报》。石西民同志于4月26日抵南京，27日起以军代表身份负责接收国民党的中央日报社。到南京解放后的第7天，即4月30日，《新华日报》终于在南京出版。

在南京出版《新华日报》的最初阶段，报纸仍然沿用了重庆时期《新华日报》的报头。1949年9月间，有几位同志从北京来，带来了毛泽东同志亲笔写的"新华日报"四个大字，这使同志们大喜过望。当时，解放全中国的战斗还在进行，新中国即将诞生，毛泽东同志竟于百忙之中为《新华日报》题写报头，使报社的同志们感到意外的惊喜。通过大家紧张的工作，迅即于1949年9月17日，用上了毛泽东同志为《新华日报》第一次题写的报头。

新中国成立后，毛泽东同志多次来江苏视察，每次来南京，都要看《新华日报》，有时还在值得注意的地方用红铅笔画上杠杠。1953年2月22日，毛泽东同志乘轮船，经过连日的长江航行抵达南京。第二天上午看了《新华日报》，不顾旅途的劳顿，立即挥毫为《新华日报》第二次题写报头。"新华日报"四个字，是写在一张印有"中国革命军事委员会"字样的信笺上的。在信笺上方空白处还写着："柯庆施同志：提议新华日报换一个报头"。柯当时为中共江苏省委第一书记，他特地把报社负责的同志召到省委，郑重地转交了毛泽东同志题写的报头。令报社的同志们又一次感受到毛泽东同志为《新华日报》题写报头的惊喜。有关人员日夜赶班，精心制版，在2月25日的《新华日报》上，毛泽东同志重新题写的报头就与广大读者见面了。

毛泽东同志第三次为《新华日报》题写报头，是在1964年7月19日。这次，毛泽东同志是用宣纸书写的，他把"新华日报"四个字写了一遍又一遍，最后亲自选定了四个字，在每个字的右上角圈了双圈。还写信给当时的省委第一书记江渭清同志。信中亲切地说，现在重写新华日报报头，"如可用，则在国庆节改换为宜。如不可用，请你

毛泽东于 1949 年 9 月、1953 年 2 月、1964 年 7 月三次为《新华日报》题写报头

退回重写"。毛泽东同志这封对《新华日报》寄予关怀和厚爱的信函，连同珍贵的题字，从北京传到南京，从省委传到报社。报社的工作人员兴高采烈，奔走相告，争相观看毛泽东同志为本报第三次题写的报头。根据毛泽东同志来信中的指示，新报头于新中国成立十五周年大庆的光辉节日正式启用。在这一天的《新华日报》上，还发表了《致读者》，表示："我们一定要用实际行动回答毛主席的关怀和期望。我们要更高地举起毛泽东思想的伟大红旗，把《新华日报》进一步办好。"

毛泽东同志三次为《新华日报》题写报头，是我国新闻出版史上的珍闻，是值得新华报人乃至江苏全省人民引以为光荣和自豪的一件大事！

1983 年，为纪念毛泽东同志 90 诞辰，当年重庆新华日报的领导成员、南京新华日报社社长石西民同志曾写过一篇文章，题为《毛泽东同志与〈新华日报〉》，着重回顾了毛泽东同志对《新华日报》直接的领导、支持与鼓励。据文章披露，《新华日报》创刊后九年多（指武汉和重庆时期），总计发表过毛泽东同志的文章 30 多篇，如果连文电、题词等算在一起，就有七八十篇之多。最早为《新华日报》写文章是在

1938年9月，《新华日报》征集给前线将士的慰问信，毛泽东同志在延安亲笔书写了《给前线战士》一文，寄送《新华日报》。当时，武汉外围战事激烈，在武汉陷落前夕，报馆迁往重庆。这篇珍贵稿件，辗转于硝烟烽火中，直到12月间才送到重庆。同志们看到毛泽东同志的亲笔手迹，心情十分激动。石西民同志还于1985年8月全国记协的一次集会上，作过题为《周恩来同志与〈新华日报〉》的发言。他说："毛泽东同志和周恩来同志都曾奖誉过《新华日报》的工作，被称为一支'新华军'，称许它完成了党交给的宣传和组织群众的任务。"我们读了石西民同志这两篇文章，就更理解毛泽东同志在15年中三次为《新华日报》题写报头，绝非偶然的即兴之作，而是有着不同寻常的历史渊源的，是他对这张具有光荣历史的党报一直寄予关怀和厚望的体现。

在纪念毛泽东同志诞辰之际，缅怀他为《新华日报》三次题写报头的往事，不禁联想到他对办好《新华日报》的谆谆教导。那还是在1942年，《新华日报》整风改版时，毛泽东同志曾打电报给在重庆的周恩来同志，电文中说："关于改进《解放日报》已有讨论，使之增强党性与反映群众。《新华日报》亦宜有所改进。"几十年来，报社的同志一直坚持发扬新华日报的光荣传统。现在，我国已进入加快改革开放和现代化建设的新的历史时期，但是，毛泽东同志提出的"增强党性，反映群众"八个大字，依然闪烁着真理的光芒。今天，增强党性，就是要自觉地宣传邓小平同志建设有中国特色社会主义的理论，坚持党的基本路线不动摇，坚持为人民服务、为社会主义服务的根本方针；反映群众，就是要树立群众观念，增强服务意识，真正面向群众，并发动群众办报。总之，我们要在新的历史时期，进一步办好《新华日报》，实施正确的舆论引导，最大限度地动员和鼓舞人民群众投身于建设有中国特色的社会主义伟大事业。这也将是我们纪念毛泽东同志所应有的实际行动。

深情念故交

谈福兴

"毛主席给吴启瑞老师写信啦！"1950年7月22日，江苏无锡师范附属小学的校园内爆出了一条新闻。

毛泽东这位伟大的领袖人物缘何给一名普通小学教师写信？事情且从头讲起。那年春天，无锡师范附属小学为学生注射卡介苗时，吴启瑞的三个小孩因营养不良而反应较严重。加上丈夫王人路逝世后，要扶养八个子女，这对月工资仅47元的吴启瑞来说，困难实在是太大了。此刻，吴启瑞想起了丈夫临终时的情景。

1948年底，年仅49岁的王人路不幸身患脑溢血。临终前，他拉着妻子的手说："天快亮了，毛泽东与吾父交厚，现在我不幸早卒，八个孩子全靠你了，将来如有危难之事，你可去找毛大哥。"当时，处于悲痛欲绝之中的吴启瑞对丈夫的临终之言并没有在意。因为她知道，王人路虽则为宣传革命做了一些工作，但要说毛泽东是他亲近的"毛大哥"，却难以相信。

王人路去世后没几个月，无锡就解放了。一次，吴启瑞在阅读毛泽东青年时代的文稿时，赫然发现文中有公公王正枢（字立庵）的名字。原来王立庵是毛泽东在湖南长沙第一师范学校求学时的数学教师。1920年7月，在五四运动的影响下，以毛泽东为首的新民学会发起筹办文化书社，得到了王立庵等人的同情和支持，他们集资500元支持毛泽东开办文化书社。书社召开首次议事会时，王立庵等推举毛泽东为特别交涉员……"毛泽东与吾父交厚，将来你如有危难之事可去找毛大哥！"啊！原来丈夫在神志不清、弥留之际的遗言是有根据的。

1950年5月22日，经过再三考虑，吴启瑞提笔给毛泽东写信："主席，容我自己来介绍，我叫吴启瑞，是无锡师范附小低年级的教员……""解放以来，对于时政及社会主义各种理论文件越读越感兴趣，但限于时间，不能充分学习，很少收获，深感苦闷，而造成这苦闷的因素，乃是为了背着八个小孩的包袱，使瑞终日碌碌于生活的挣扎，精疲力尽"。"今受生活的威胁，小儿等体力不良的顾虑，万乞主席睹世交之谊，垂念小儿等孤苦体弱，特予提携，准予小女心月、小儿心丰、心支加入苏南区干部子女班，裨小儿等生活入于正轨，增加体格，瑞得全心全意努力业务时政的学习……"谁料没有多久，在中南海的毛泽东真的给吴启瑞寄来了回信，"启瑞先生：五月来信收到，困难情形，甚为系念。所请准予你的三个小孩加入苏南干部子弟班，减轻你的困难一事，请持此信与当地适当机关的负责同志商量一下，看是否可行。找什么人商量由你酌定，如有必要可去找苏南区党委书记陈丕显同志一商。我是没有不赞成的。就是不知道该子弟班有容纳较多的小孩之可能否？你是八个孩子的母亲，望加保重，并为我问候你的孩子们。此复，并颂教祺。毛泽东七月十九日"。手捧这毛主席亲手写给自己的三张信纸，吴启瑞不禁热泪盈眶。

其实，毛泽东在阅读吴启瑞的来信时也是思绪万千。1914年春，毛泽东在湖南省立第一师范学校读书。王立庵虽是数学教员，但他的古文、书法和医道等也有相当的造诣。特别是立庵先生为人谦和，尊重知识、奖掖后进的风范，在毛泽东的脑海中留下了深刻的印象。有一年，毛泽东应王立庵之邀曾在立庵先生家中寄居了一个夏天。

王立庵的家在长沙高正街19号。王家的最后一进是座小楼，原是王人路兄弟读书、休憩的地方，毛泽东就寄居在这座小楼上。小楼有一扇小门，通过这门可直通长沙的古城墙，有名的天心阁就建在王家后面高岗的城垣上。毛泽东时常与王人旋、王人达（王人路堂哥）、陈闻纳（王人路表哥）和王人路一起登城到天心阁，登高远眺。1918年，新民学会成立时，王人路虽然未成为学会的首批会员，但他却为学会做了不少的通讯和联络工作。

吴启瑞2000多字的长信，毛泽东不但是逐字逐句地看，对不清的地方，还用笔标上标点，在重要之处就画一条杠，甚至二条杠。毛泽东觉得儿童是祖国的未来，小孩的读书问题尤为重要，亟需解决。因此，他在给吴启瑞复信的同时，还在吴信的第一页作了如下批示："请陈丕显同志酌办。写信者是有八个孩子的母亲，在锡师附小当教员，请求将她的三个孩子加入苏南干部子弟班。毛泽东，七月十八日"。

吴启瑞持了毛泽东的亲笔信到苏南行政公署找苏南区党委书记陈丕显，陈不在，由行政公署主任管文蔚接待。吴启瑞的三个孩子便被安排在吴所在的锡师附小免费读书。为了便于照顾孩子，学校还特安排吴启瑞住校并在每学期开学时补助给吴一笔生活费。

转眼又是十多年过去了。1960年6月21日夜晚，天空下着蒙蒙细雨，已经退休居家的吴启瑞忽然听到一阵轻轻的叩门声。是谁雨夜来访？原来是无锡市委统战部接到陈丕显的电话，要求将吴启瑞接送到上海。为此，统战部长亲自到吴家通知吴启瑞。第二天，吴启瑞便乘坐无锡市委统战部的专车去上海，车子一进大上海，眼看那鳞次栉比的高楼大厦，耳闻那黄浦江上的阵阵汽笛声，吴启瑞不禁触景生情，追忆起昔日在上海的往事。

1901年底，吴启瑞出生在无锡大成巷4号的一个医生世家。1922年，吴启瑞在无锡女子师范毕业后，只身赴上海在中华书局工作并结识了王人路。那年，应中华书局总经理陆伯鸿之请，曾在长沙当过音乐教师的湖南湘潭人黎锦晖出任中华书局新设立的国语文学部主任。黎上任后便大胆起用青年，王人路也成了文学部的美术编辑。1923年，王人路被调到《小朋友》周刊任责任美编。1924年，宜兴青年潘汉年到《小朋友》编辑部工作，与王人路成了形影不离的好朋友，一起加入了中华书局的工会组织，从事进步文化活动。在1925年的五卅运动中，吴启瑞结识了王人路，并结为夫妇……

吴启瑞到上海见了陈丕显，陈说："毛主席十分关心你们，要亲自接见你，了解你家的情况。"1960年6月26日下午3时，毛泽东派人用车将吴启瑞接到了锦江饭店。吴启瑞轻手轻脚地走进毛泽东办公室的时候，毛泽东正坐在一张长沙发上。看见吴启瑞进来，毛泽东马上起身快步迎上来拉着吴启瑞的手亲切地说："吴老师，你好！""毛……毛主席……"毛泽东见吴启瑞一时说不出话来，就请她在沙发上坐下，随后与她拉起了家常。毛泽东的亲切和蔼，平易近人，使吴启瑞紧张的心理一下子缓和下来。她目不转睛地注视着毛泽东。只见他银灰色的中山装里面穿的是白衬衣、脚上穿着一双普通的圆口黑布鞋，笑颜慈祥。话题从吴启瑞的公公王立庵开始。毛泽东说："立庵先生是湖南教育界的著名人士，他是我的老师。在立庵先生的教育下，我是受益匪浅啊！""当时，我喜欢读古文而不爱学数学，但立庵先生并不由此而歧视我。"停了片刻，毛泽东接着说："1927年，你先夫继母到武汉时我才知道立庵先生已在头一年谢世。""记得立庵先生的生辰是1867年8月19日，算来再过六天，先生便可享六十大寿了！"原来1926年8月13日王立庵逝世后，王人路的继母曹懿娥在她已经成为共产党员的妹妹和妹夫的影响下也参加了革命。1927年初，曹懿娥带了王人路的小弟王季能来到武昌都府41号毛泽东的住所帮助料理家务。当时毛泽东正在写《湖南农民运动考察报告》，写作之余，毛泽东时常抱着王季能逗他玩。大革命失败后，根据毛泽东的指示，曹懿娥带了王季能回到长沙建立了一个秘密联络点。以后，毛泽东时常在那里聚集开会。1930年，中国工农红军第一方面军（即中央红军）二次攻打长沙。湖南军阀何键疯狂地将毛泽东的妻子杨开慧和曹懿娥的妹夫逮捕并杀害。一个月后，在井冈山的毛泽东才从敌人报纸上知道了这个消息。历历往事涌上心头，毛泽东不由长叹一声："兹人不得见，惆怅无已时！"毛泽东的感叹更触发了吴启瑞对丈夫的思念之情。吴启瑞两行泪簌簌直落："人路啊！人路！你的遗愿实现了，10年来毛主席一直在无微不至地关怀着我们。今天毛主席又在日理万机的情况下特意安排时间接见我，你也可含笑九泉了！"

"吴老师，请喝点茶！"毛泽东为吴启瑞的茶杯添了点水，冲淡了有点沉闷的气氛。毛泽东详细地问了吴启瑞几个孩子的情况。不知是紧张还是为什么，吴启瑞在向毛泽东介绍孩子情况时竟漏了一个孩子的情况。"吴老师，我不是有八个侄子女吗？刚才你只谈了七个的情况？"听了毛泽东的话，吴启瑞也不禁破涕为笑。当她讲到这个孩子现在师范学校学习时，毛泽东笑着说："立庵先生是教师，他的女儿是教师，儿媳也是教师，将来他的孙女也要当教师，你家可称是教师世家了！""搞教育工作不吃香。"听了吴启瑞的话，毛泽东连连说："不！不！不！教育强国，教育是立国之本。没有昌济先生和立庵先生这些教师，我毛泽东哪会有今天？！现在明夏在北师大附中当教师，我女儿在她那里学习，我是支持李纳将来当一名教师的。"听了毛泽东的话，吴启瑞顿觉脸上火辣辣的。她端起杯子喝了口茶，缓和了一下羞愧的心情，说："主席，您对我家真太熟悉了。""我和你家可是世交啊！立庵先生有九个孩子，老大王秩南生伤寒早年夭折，其他八个我都见过。现在你也是八个孩子，上有八兄妹，下有八侄辈，这也是一巧事！"毛泽东鼓励吴启瑞的八个孩子要好好学习。接着毛泽东又问起吴启瑞的家庭住房和经济生活等问题，要在经济上帮助她。

时间在不知不觉中过去，转眼间，毛泽东和吴启瑞的会见已有一个小时了。在吴启瑞再三请求毛泽东休息的情况下，毛泽东提议说：

"好，我们到室外去散散步，这也是休息！"在花园中，当听到毛泽东说"来，我们来拍张照片作个留念"时，吴启瑞顷刻间竟难相信自己的耳朵，她用惊疑的眼光注视着毛泽东，只见毛泽东微笑着点了点头，并将工作人员端过来的椅子移到自己的座椅旁，"来！来！来！快坐下！"咔嚓一声，刹那间，吴启瑞觉得一股暖流直涌心头。毛泽东站起了身，吩咐工作人员将椅子端开，然后将披在身上的那件银灰色的中山装穿好，他边扣衣扣边对吴启瑞说"来，我们站着再照一张吧！"两声咔嚓声，是多么的短暂、轻微，而在以后的 20 年中，这声音却一直在吴启瑞的心房轰响。

告别时，毛泽东热情地将吴启瑞送到门口，他握住吴启瑞的手说："吴老师，多保重！请代我向你母亲和孩子们问好！"汽车徐徐开动。透过车窗的玻璃，吴启瑞见毛泽东仍站在台阶上在向自己挥手致意。汽车开远了，但吴启瑞却觉得毛泽东那高大魁伟的身影仍在自己的眼前，那和蔼可亲的声音依然回荡在耳畔。

为了感激毛泽东的恩情，吴启瑞回到无锡后于 7 月 19 日即写信给毛泽东，并寄去了自己的合家照。8 月 30 日，中共中央办公厅秘书室即根据毛泽东的指示给吴启瑞写信："吴启瑞同志，你寄给毛主席的信和照片，我们已送主席看过。主席送给你一部《毛泽东选集》和五张照片，我们已另交邮局寄，请查收，此复，即致敬礼。中共中央办公厅秘书室，1960 年 8 月 30 日。"原来，毛泽东在接见吴启瑞时，曾详细地问过吴启瑞和孩子们的政治学习情况。回到无锡后，吴启瑞在写信时将很难买到《毛泽东选集》的情况告诉了毛泽东。毛泽东接信后，特意将自己的《毛泽东选集》一至三卷的样书和五张在上海拍的照片交秘书寄给吴启瑞。事后，毛泽东又在 9 月 2 日给吴启瑞回了一封信："启瑞同志，七月十九日的信收到，甚为高兴。选集及照片已寄去了，收到时请告。祝你健康！毛泽东一九六〇年九月二日。"1961 年 1 月底，毛泽东考虑到春节将临，便将自己的一千元稿费交给秘书徐业夫，要徐寄给吴启瑞并致意。2月2日，徐业夫给吴启瑞写信："吴启瑞同志，毛主席嘱：写信转告你，一月二十五日的来信他已看过了，很感激你，并寄上一千元，以济眉急，作为赠送……祝春节好！徐业夫　二月二日　北京中南海。"

1976年9月9日，毛泽东主席与世长辞。躺在病床上的吴启瑞听到这一噩耗，悲痛欲绝。很久很久，她不相信自己的耳朵，好像觉得毛泽东仍在她身旁，手是那么的温暖，脸是那么的慈祥，对她吴启瑞家是那么无微不至的关怀……"兹人不得见，惆怅无已时"，吴启瑞想起16年前毛泽东接见她时吟叹的诗句，不禁泪如雨下。

春风吹绿庄阳村

曹文彬　曹文丁

"庄阳农业生产合作社当年取得水稻增产六成的好成绩,是值得嘉许的……希望今后要发挥每个社员的积极性,在生产上获得更大的成绩……"

这是1953年1月2日由中共中央办公厅转达的毛泽东主席在江苏金坛县庄阳农业生产合作社社员来信上的批示。

1993年早春二月风和日丽的一天,我们沐浴着温煦的阳光,呼吸着漫野的麦苗散发出的阵阵清香,来到了庄阳村所在的指前镇。这里距金坛县城18公里,是长荡湖畔小有名气的集镇。因这里盛产糯米,地名指前标,故米名"标糯米"。早在1911年,"标糯米"就荣获巴拿马国际博览会金奖,在国内外享有盛誉。我们穿过集镇西行,很快就来到了大荡圩。踏上笔直的庄阳河圩堤举目远眺,呈现在眼前的是一幢幢整齐的楼房,条条清澈的小河,一片片闪光的鱼塘。抚今思昔,不禁想起旧社会广为流传的民谣:"说庄阳、道庄阳,大荡圩里是庄阳,地势低洼圩堤塌,十年倒有九年荒;说庄阳、道庄阳,庄阳农家苦难当,年年种田年年饿,吃菜咽糠饿断肠……"要不是镇政府的同志告诉我们,怎么也不会相信,这里就是庄阳村了。穿过了几条街巷,在村中找到了当年庄阳农业生产合作社社长李裕庚老人的家。此刻,李裕庚老人正在庭院里与小孙子逗着玩,祖孙俩不时发出幸福的欢笑。

李裕庚这位在旧社会饱经风霜的老农民,虽已年逾七旬,但身板依然硬朗,思维仍很敏捷。当我们扯到当年毛主席嘉许庄阳农业生产合作社的话题时,老人沉思片刻,满怀着激动,向我们回顾那一段难忘的往事……

庄阳是当年金坛县指前标乡大荡圩里的一个村庄,是革命老区。这里处在金坛、溧阳两县交界的边缘地带,是贫苦农民承种租田聚居的村落。1941年庄阳村建立了共产党组织,并成立了中共指前标区委的活动中心。庄阳人民在抗日斗争中曾作出了可贵的贡献,从中也蕴孕着一种革命的精神力量。由于这里地势低洼,解放前,每逢雨季,河水倒灌,大荡圩十年九淹,农民穷苦不堪。全村30户人家仅有耕地58亩,其中28户当雇工,一大半人家讨过饭。由于水涝,大部分田地荒芜,有收成的田地,麦子亩产不超过150斤,稻谷亩产300斤左右,遇上好年成最多可到500斤,遇上灾年几乎颗粒无收。但地主不顾农民的死活,麦租每亩80斤至180斤,稻租120斤至200斤的粮租是不得减少的。加上苛捐杂税十分繁重,租粮一缴,所剩无几。遇上灾年只得借高利贷交租。

解放以后,在土地改革运动中,庄阳全村的贫苦农民分得230亩田。农民有了田,个个笑逐颜开。翻身农民决心搞好生产,多打粮食,支援国家建设。可在当时,不仅没有农业机械、化肥、农药,而且连耕畜和大型农具都很少。在这种落后的条件下,平均每个劳力要种好4亩多地,一家一户的小生产是何等困难啊!

李裕庚,一个勤劳、朴实的庄稼汉,10岁那年,为了有口饭吃能活命,他就给地主当了放牛娃。15岁种租田,20岁外出当长工,艰难度日。解放了,在党的领导下,农民分到了土地。为了能让农民兄弟过上好日子,他毅然响应党的号召,带领大家组织起来,团结互助搞生产,于1951年春组织了互助组,带领组员修筑圩堤,还将开出来的

70多亩水洼地种上作物。他们战胜了各种困难，秋季终于获得了丰收，取得了比当地单干户增产3成的好成绩。全互助组的农民欢天喜地，家家户户庆丰收。李裕庚也被评为县劳动模范。这时，全国已有王国藩、李顺达等创办了农业生产合作社，李裕庚也跃跃欲试。1952年春，中共苏南区委和金坛县委农村工作部门派出工作组来到了庄阳村搞试点。在工作组的指导下，全村除两户中农外，28户贫雇农全部参加了合作社。就这样，金坛县第一个农业生产合作社——庄阳初级农业生产合作社办起来了。当时，全社共有社员76人，时年32岁的李裕庚被社员们推举为社长。庄阳村的农民们在李裕庚的带领下，克服农具不全、资金不足等各种困难，在春耕生产和夏收夏种中打响了第一炮。他们抓紧农时安排生产，农活既快又好，比邻村生产条件好的农户提前一个星期完成农活任务，从来不误季节，初步显示了农业生产合作社的优越性。于是，县里领导干部来蹲点指导的，乡村基层干部来参观学习的，邻近的互助组农民来取经的，络绎不绝。庄阳合作社成为全县闻名的先进典型。

在李裕庚和全体社员的努力下，1952年秋季，他们又迎来了建社以后的第一个丰收。金秋时节，庄阳村的田野稻浪起伏，谷穗飘香。沉甸甸的稻穗弯成了一个个金钩，随风摇摆。社员们看在眼里喜上心头。秋收开始，大伙精收细打，颗粒归仓，经过核算，全社水稻平均亩产628斤，比上年增产6成，比周围互助组增产3成，比单干户增产一倍多，也比当年全苏南地区水稻平均亩产460斤增产3成。社员们敲锣打鼓，把上好的稻谷送缴爱国公粮。11月27日，庄阳农业生产合作社召开分配兑现庆丰收大会。周围村庄甚至连邻县溧阳的农民也闻讯赶来了。临时搭起的会台上，毛主席像高高挂起。当大会宣布庄阳农业生产合作社粮食丰收的喜讯时，"共产党万岁！""毛主席万岁！"的口号声、鞭炮声、锣鼓声汇成一片。农民以农为业，种粮为本，粮食增产，社员增收，谁不为之欢欣庆幸呢！分配结果，家家都增收，户户有余粮。会后尚未入社的几户农民也纷纷要求参加合作社。

庄阳农业生产合作社的社员们从心底里感谢共产党，感谢毛主席，大家不约而同地想到一处了，于是发出一个共同的心声——"给毛主席写信，向他老人家报喜，表表我们翻身农民的一片感激的心意！"随即请县工作组的干部姜铨根执笔，社员们你一言，我一语，竞相说出了心里话。

给毛主席这封信的主要内容包括：一是庄阳村的自然状况和苦难的过去；二是解放后土改、互助合作搞生产的情况；三是农业生产合作社当年增产6成的喜讯；四是社员们政治上、经济上、文化上翻身的情况。并提出今后一定要以社为家，共同生产，团结致富，进一步巩固和发展农业生产合作社，夺取更大的丰收，支援国家建设。为此大伙合计再添置三条罱泥船，开展冬季积肥，并组织劳动力搞好副业生产。信写好后在全体社员面前宣读通过，第二天就寄往首都北京。

1953年1月2日，是庄阳村的农民们难忘的日子。这一天，正当社员冒着寒风在麦田里壅麦土、施肥、辛勤劳作时，李裕庚和县工作组的姜铨根从村里狂喜地高喊着向田间奔来："毛主席给咱们来信啰！"社员们闻讯，纷纷放下手中的农活，眨眼工夫迅即从四面八方汇合在一起，把李裕庚和姜铨根团团围住。人们连声地问："毛主席在信上怎么说，快念给我们听听！"姜铨根顾不得揩揩额头的汗珠，激情地把信读了一遍，几位老贫农听了激动得热泪盈眶。他们争相用那沾有泥土的粗糙的手掌传看着、抚摸着印有"中共中央办公厅"一行红字的大信封，仿佛看到毛主席就在自己的面前。一位老贫农眼里含着泪水，挤到社长面前，哽咽着说："咱原想着只是向毛主席报个喜讯，没想到毛主席还真的给咱回信了……他老人家真是时刻牵挂着咱们农民百姓啊！"当姜铨根当众读完信后，干部、社员早把那信接过去传看。识几个字的社员一个字一个字地念，不识字的老汉也要接过信，亲手摸一摸。信读了一遍又一遍，大家听了一遍又一遍。人们欢欣鼓舞，奔走相告。霎时间，毛主席给庄阳农业社来信的喜讯传遍全村、全乡。

当天下午，庄阳村召开群众大会，会场就是村子中央的打谷场。村里的男女老少都来了。会上，把毛主席的批示信又连读了三遍，社员们听后，顿时欢声雷动，欢呼声、口号声响成一片，人们好像逢上了盛大的节日，沉浸在幸福喜悦之中。

毛主席的指示信，不仅对庄阳，而且对全金坛县人民都是一个巨大的鼓舞和勉励。县委和县政府领导同志，无论是在县里召开的农业生产会议上，还是下基层与干部群众研究工作时，都把毛主席给庄阳合作社的指示信作为讲话的主题，动员全县人民搞好农业生产，办好农业生产合作社。这对全县农业生产和合作化运动起了巨大的促进和推动作用。

星移斗转，光阴如矢。40年来，庄阳村走过了发展、徘徊和继续前进的曲折道路。党的十一届三中全会以后，落实了各项政策，以家庭联产承包为主的生产责任制日益完善，粮食连年丰收。1992年，全村水稻平均亩产已达到1100斤以上，三麦亩产突破500斤大关。随着改革的深入发展，庄阳人解放思想，利用当地优势，把传统农业转变为市场农业，在种好粮食的前提下，大搞多种经营，在增加著名特产"标糯米"产量的同时，并对其作深度加工，以"标糯米"为主要成分的"八宝营养粥"已开始试产，即将广泛投向国内外市场。现在全村水产养殖面积已达450多亩。昔日荒芜的泥沼洼地养出了螃蟹和甲鱼等贵重水产。本着以工兴农的方针，大批各有一技之长的能工巧匠组织起来，走出庄阳，走向市场，到集镇、县城乃至沪宁沿线的城市，经商、建筑、搞运输。农村经济全面发展，农民收入大大增加。如今，全村几乎家家盖起了楼房，户户都有电视机等各种家用电器。

然而，面对这新的生活，新的天地，庄阳村的人们并没有忘记过去。正如新一代的村干部在我们告别时所说的："庄阳能有今天，离不开前几十年打下的基础，走社会主义共同富裕的道路，办合作社是最初的起点。庄阳人将世代铭记毛主席来信所给予的关怀和勉励。"

"毛泽东中队"的回忆

周立人

毛主席回信来了

1953年1月11日，是星期天，上午九时许，邮递员给扬州师范附小送来了一封信。平静的校园沸腾起来了。

首先接到信件的是在校值班的大队辅导员蒋斯善老师，这位身材高大、年轻英俊的小伙子脸上堆满了欢笑，双手捧着信，直奔校长室来，尚未跨进门槛就大声说："周校长，天大的喜事，毛主席回信来了！"我连忙丢下正在阅读的书，站起来接过信，只见一个牛皮纸的大信封上，印着"中共中央办公厅"几个红色大字，收信人是"扬州师范附小毛泽东中队"。打开一看，在红色竖条的信笺上，打印着鲜艳的蓝色的字："毛泽东中队的小朋友们，你们寄来的信和成绩单收到了。毛主席看了很高兴，要我们代为回信：小朋友们的成绩很好，这是和全校老师们认真教学分不开的。希望继续努力，争取更大的成绩。"信的左下方盖着中共中央办公厅的红色大印。随信还寄来一张4寸的毛主席半身大照片。照片上毛主席慈祥的目光好像注视着我们，他老人家对我们全校师生寄予多么殷切的期望啊。

我和蒋老师立刻去找几位住校的老师,商量如何公布信件和开会宣读等等,蒋老师逢人就说:"毛主席回信来了,这是大喜事啊!"喜讯不胫而走,很快传到了学生宿舍。(当时扬师附小高年级有很多学生是住校的)孩子们听说毛主席回了信,奔走相告,立即欢叫起来:"毛主席回信了!"他们情不自禁地蹦跳着,相互拥抱着,雀跃欢腾,整个学校洋溢着欢乐的气氛。

校工会主席卞家祥老师是位接近中年的女同志,星期天也顾不得休息,在埋头精心设计黑板报的号外。她用红绿粉笔写了通栏大标题:"天大的喜事,毛主席来信了!"又在"快讯"短文中,详细介绍了喜事的经过和来信的内容。字里行间加了圈圈点点,黑板报四周勾画了许多美丽的图案。卞老师一直忙到深夜。她说:"今天一定要完成,明天星期一一大早挂出去,住在校外的老师和同学们一进校门就可以看到了。"其他住校的老师们也都忙着打扫礼堂,布置会场,不少人喜悦的脸上都冒出了汗珠。虽是寒冬天气,非年非节,可人们都忙得热气腾腾,喜气洋洋。

向毛主席报喜

毛主席怎么会来信呢?这要从头说起。1952年秋,扬师附小开展了爱国主义教育和纪律教育的活动。当时的少年儿童队(少年先锋队的前身)大队部发动全校小朋友认真学习、严守纪律,用实际行动来热爱祖国,用优异成绩来向祖国汇报、向毛主席汇报。为此,各班级各中队开展了多种多样的活动。全校老师也严格要求,认真教学,大力提高教育教学质量。校长、教导主任、大队辅导员更加强了检查督促工作。每天巡视各教室各场所的情况,深入课堂听课,听取班主任的汇报及学生的意见,不断研究改进全校的教育教学工作。经过几个月的共同努力,全校各班学生的学习成绩和纪律状况都有了明显的进步。

为了树立典型,表彰先进,巩固成绩,进一步提高,学校决定,选一个进步最大、表现最好的班级,命名为"毛泽东中队"。教导主任吴耀民老师,是一位工作极其认真负责、踏实细致的实干家。他全心全意扑在工作上,经常戴一副深度的近视眼镜,手拿笔记本,深入到各班听课,观察学生各方面的表现,并进行详细的记录和分析。经过认真的比较研究,他认为六(一)班学生各方面表现最好。他说:"到六(一)班上课,教师可以轻轻地讲,学生自然会静静地听。学生学习的自觉性、积极性都很高,教师到这个班上课,可收到事半功倍的效果。全班学习成绩也高于同年级的其他各班。"凡到六(一)班听课和教过课的老师也一致认为这个班很好。六(一)班的班主任王振乾老师说:"这个班的班干部很得力,工作认真,又能起表率作用。班风正,集体荣誉感强,全班有一种积极向上的好风气。"在大家统一认识、共同选择、一致同意的情况下,决定六(一)班命名为"毛泽东中队",作为全校的榜样,并上报团市委得到批准。

1952年12月26日,按民间习惯是毛主席的六十寿辰。我们选定这一有意义的日子,举行了隆重的命名大会。这一天,六(一)班的孩子们像过节一样欢乐,各中队也都派了代表前来参加。团市委少儿部长是个女同志,她在大会上庄重地宣读了命名决定并表示热烈的祝贺。其他中队的代表纷纷表示要向"毛泽东中队"学习。"毛泽东中队"的孩子们在毛主席像前庄严地提出了"消灭2分,坚决不留级"的口号。有的孩子提出:"我们中队既然获得了'毛泽东中队'的光荣称号,就应该把我们的成绩向毛主席汇报,让毛主席也高兴。"这一提议立即获得全班同学的热烈鼓掌同意。他们很快推举一位同学写信,一位同学抄写全班成绩。班主任王振乾老师拿来一个大信封,端端正正地写上:"北京中共中央毛泽东主席收,扬州师范附小毛泽东中队寄。"写好的信和成绩单装进信封后,飞快地被送到邮局。这封信,寄去了全中队 48 个孩子热爱毛主席的一片心意,他们渴望毛主席能看到他们的成绩,让毛主席老人家也分享他们的快乐。仅仅相隔十几天,想不到毛主席在日理万机的繁忙中居然看了孩子们的信,并吩咐中共中央办公厅代笔回信,这情景怎不令人万分激动和鼓舞!

牢记毛主席的教导

1953 年 1 月 12 日,星期一,上午晨会时间,全校师生集会。当大队辅导员蒋老师宣布毛主席来信的消息后,大礼堂立刻爆发出雷鸣般的经久不息的掌声。好不容易才安静下来,我双手捧着毛主席的信大步走上讲台,高声宣读了中央办公厅代毛主席来信的全文。当读到"小朋友们的成绩很好,这是和全校老师的认真教学分不开的。希望继续努力,争取更大的成绩"几句时,全场激起一阵又一阵掌声和欢呼声。这时,我又满怀激情地说:"毛主席不仅表扬了小朋友们,而且表扬了我们全校老师,我们一定要不辜负毛主席的希望啊!"我面向全校学生用强有力的语气问孩子们:"我们能不能实现毛主席的希望,争取更大的成绩?"孩子们异口同声坚决而充满信心地回答:"能!"接着,我又双手高高举起毛主席的照片,大声说:"请看毛主席从北京寄给我们的照片,这是我们的最高荣誉!"此时,全场更是欢声雷动。

会后,美术老师王坚怀特别起劲,向我主动要求,把毛主席的信和照片装潢起来。不一刻,校门口的长廊镜框中画上了鲜红色和金黄色的图案,主席的来信和照片贴上去,被衬托得更加鲜艳醒目。每天,孩子们进出学校走过文化长廊时,都要停下脚,看一看这个漂亮而又光荣的镜框。

下午,"毛泽东中队"的孩子们,分别举行了小队会,每个同学都说出了他从心底里的高兴,他们都保证用更大的努力,争取更好的成绩,让毛主席更高兴。张桂芳说:"我们小队里已经没有2分了,今后,我们要向4分、5分努力。"高春阳说:"我们排队还不大迅速,以后一定要做到快、静、齐。"管钧说:"我们在上课外活动的时候,还有个别同学待在教室里不肯出来,以后要动员大家都参加课外活动。"散会后,孩子们都纷纷议论着:"我们一定要牢记毛主席的教导,顽强地学习和锻炼身体,将来更好地建设我们伟大的祖国,不辜负毛主席对我们的关怀和鼓励。"

从此,扬师附小形成了一个优良传统,每当"毛泽东中队"班毕业时,就在全校评选出一个在学习成绩和品德表现上最优秀的班级继承"毛泽东中队"的光荣称号,并举行隆重的交接仪式。"毛泽东"这个光辉的名字鼓舞了一届又一届的孩子们不断地勤奋学习,积极上进。直到"文化大革命"扬师附小被停办为止。整整40年过去了,然而,毛主席给扬师附小"毛泽东中队"回信的情景给我留下的美好回忆却是永恒的,永远难以忘怀。

毛泽东在江苏大事记

1920 年 4 月下旬

毛泽东在由北京乘火车去上海的南下途中，考察凭吊了著名的古战场徐州。

1920 年 5 月初

毛泽东由徐州到达南京，考察凭吊了历史名城的古迹。5 日，毛泽东离开南京去上海。

1923 年 8 月

毛泽东在南京参加中国社会主义青年团第二次全国代表大会。

1926 年 10 月

毛泽东在中共中央机关报《向导》周报第 179 期上发表《江浙农民的痛苦及反抗运动》一文，对江苏各地农民的生活和斗争给予了深切的关注。

1946 年 5 月 20 日

毛泽东复信淮安县新安小学新安旅行团，勉励师生们"努力工作，继续前进，争取民主中国的胜利。"

1949 年 4 月

中国人民解放军遵照毛泽东主席和朱德总司令向全国进军的命令，

横渡长江，解放国民党统治中心南京，毛泽东欣闻捷报，遂作《七律·人民解放军占领南京》光辉诗篇。

1949 年 9 月上旬

毛泽东亲笔为《新华日报》题写新报头。

1949 年 10 月 13 日

毛泽东批转中共苏南区委关于松江县召开各界人民代表会议经验的报告，指出：如果全国一千几百个县都能开起全县代表会来，并能开得好，那就会对于我党联系数万万人民群众的工作，对于使党内外广大干部获得教育，都是极重要的。

1951 年 1 月上旬

毛泽东委托中央办公厅给扬州师范附小毛泽东中队的同学复信，勉励同学们努力学习，争取更大的进步。

1951 年 2 月 25 日

毛泽东乘专列抵达南京，听取军事学院政治部主任钟期光等的工作汇报，指示军事学院要办成延安抗大式的学校。

1951 年 5 月 19 日

毛泽东批转无锡市委关于组织民主人士参加反革命案件审查委员会情况的报告，指出：无锡实行的结果很好，各地都应仿照办理。实行这种办法，民主人士真正得到了学习机会，去掉了怀疑，和我党更加靠拢，我党也就更加主动了。

1952 年 10 月 28 日

毛泽东抵达徐州。29 日上午，毛泽东由罗瑞卿、许世友、华诚一、张光中等陪同，登上市南郊云龙山，并指示徐州市委：发动群众、依靠群众绿化荒山。

1953 年 1 月 2 日

毛泽东委托中共中央办公厅复信金坛县庄阳农业生产合作社，转达他在社员来信上的批示：庄阳农业生产合作社当年取得水稻增产六成的好成绩，是值得嘉许的，希望今后要发挥每个社员的积极性，在生产上获得更大的成绩。

1953 年 2 月 22 日

毛泽东乘海军"洛阳"号军舰到达南京。当天下午，毛泽东在玄武湖梁州草坪接见了江苏省部、厅、局级干部和来宁开会的地、市、县委书记。晚间，在西康路 33 号住所再次为中共江苏省委机关报《新华日报》题写了报头。

1953 年 2 月 23 日

毛泽东晋谒中山陵，向孙中山先生坐像敬献花圈。随后视察著名的紫金山天文台，对天文台同志的工作给予勉励。

1953 年 2 月 24 日

下午，毛泽东在南京下关码头登上"南昌"号军舰视察，并在下关到燕子矶之间的江面上观看了鱼雷快艇的表演。当晚，毛泽东在列车上会见了苏州市委书记刘中和市长李芸华，听取他们的工作汇报。

1953 年 2 月 25 日

毛泽东乘专列抵达徐州，接见了徐州市委书记华诚一、副书记柳林，在听取了他们工作汇报后指示说，要逐步改善人民的生活。在谈及工商业税收问题时，指示：要按照资本家的情况，实行多等多级。

1953 年 12 月 26 日

下午，毛泽东到达南京浦口，在专列上听取柯庆施汇报江苏工作。

1954 年 3 月 14 日

毛泽东抵达无锡，下榻于大箕山畔的华东疗养院。

1955 年 11 月 3 日

毛泽东乘专列到达徐州，同徐州地委书记、专员谈话。

1955 年 11 月 4 日

毛泽东乘专列抵达南京调查了解有关肃反工作情况，听取了江渭清、惠浴宇、彭冲等的汇报后指示说，既要充分发动群众，又要掌握政策，做到"有反必肃，有错必纠"。

△毛泽东乘专列抵达镇江，接见了中共镇江地委书记陈西光和镇江专署专员高俊杰，听取关于农业合作化运动等工作的汇报。

△毛泽东由镇江抵达无锡，在专列上接见了无锡市委书记包厚昌和无锡市市长江坚，听取他们汇报无锡市资本主义工商业社会主义改造的情况。

△毛泽东乘专列抵达苏州，听取中共苏州市委书记吴仲村、代市长惠廉、苏州地委书记孙加诺、副书记刘铁珊汇报苏州的经济工作和对资本主义工商业进行社会主义改造等方面工作的汇报。

1956 年 1 月 11 日

毛泽东由上海到南京。上午，毛泽东先后视察了玄武湖乡红光农业社、栖霞镇十月农业社和南京无线电厂。下午，毛泽东视察了军事学院，在市委大院会见了出席中共南京市第四次代表会议的全体代表，省、市工商界人士，还接见了在宁的高等院校、科研单位的知识分子代表。

1957 年 3 月 19 日

毛泽东乘专列抵达徐州，接见了徐州地委书记胡宏、徐州市委书记陶有亮、市长张洪范，着重调查徐州市工业生产方面的情况，指示说：徐州的煤和铁在江苏地位很重要。要做好工作，大力发展煤炭工业、钢铁工业。有了煤炭、钢铁，其他工业就好发展了。同时也要发展轻工业，照顾市场。

1957 年 3 月 20 日

毛泽东在南京人民大会堂对江苏、安徽两省和上海市以及南京军区的党员干部作了近两小时的重要讲话。他在讲话中高瞻远瞩地分析了我国社会主义改造基本完成以后的新形势，明确指出全党全国人民面临一个新的伟大的转变，即由阶级斗争转到了向自然界作斗争，转到技术革命和文化革命，中心任务是搞经济建设。并指出要正确处理人民内部的矛盾，统筹兼顾，适当安排，加强思想政治工作，密切联系群众。号召要坚持革命战争时期的那么一股劲、那么一股革命热情、那么一种拼命精神，把革命工作做到底，要调动一切积极因素，为尽快把我国建成强大的社会主义国家而奋斗。

1957 年 7 月 10 日至 11 日

毛泽东在南京召集华东各省省委第一书记开会，研究和部署反右派斗争。

1957 年 12 月 9 日

毛泽东乘专列抵达南京，同江渭清、刘顺元谈话，并接见了出席中共江苏省第三次代表大会第二次会议的全体代表。

1958 年 8 月 8 日

毛泽东乘专列到达徐州，在专列上接见了徐州专区专员梁如仁和徐州市长张洪范，向他们调查了有关工农业生产等方面的情况，指示说：徐州将要建成为重要的工业城市。

1958 年 9 月 20 日至 21 日

毛泽东在张治中、罗瑞卿、曾希圣陪同下视察南京，听取了中共江苏省委关于经济工作情况的汇报，指示各级党委必须一手抓工业，一手抓农业；视察期间，还会见了省市机关、驻宁部队、大专院校和重要厂矿负责人，接见了出席南京军区党委扩大会议全体代表，同许世友谈了军队领导干部下连当兵的问题。

1959 年 8 月 25 日

毛泽东乘专列到达徐州，在专列上听取地方领导同志汇报工作。

1959 年 10 月 29 日至 30 日

毛泽东乘专列到达南京，在专列上接见了江渭清等江苏省主要负责人。

1960 年 3 月 21 日

下午，毛泽东乘专列到达南京浦口，在专列上同中共江苏省委负责人江渭清、刘顺元作简短谈话。

1961 年 1 月 29 日

毛泽东乘专列到达南京，在接见江苏省委书记江渭清时指示说：各级领导干部要深入基层，抓典型，大兴调查研究之风。

1961 年 12 月 13 日至 16 日

毛泽东乘专列于 13 日下午从上海到达无锡，14 日和 15 日毛泽东接见许世友、江渭清、曾希圣（安徽省委第一书记）及苏州市委书记何冰皓、苏州地委第一书记储江、镇江地委第一书记李楚等人，听取他们的工作汇报，并就国内外形势，克服经济困难、贯彻农业 60 条和工业 70 条等问题，作出重要指示。16 日，毛泽东接见了中国人民解放军驻无锡部队负责人钟国楚，谈了部队的建设等问题。

1962 年 5 月 3 日至 5 日

毛泽东乘专列于 3 日下午到达无锡，无锡市委第一书记何冰皓到车站迎接。5 日下午，毛泽东离开无锡去上海。

1962 年 12 月 15 日

毛泽东在南京接见了出席中共江苏省第四次代表大会的全体代表以及省市机关、部队和厂矿企业的干部，勉励大家"团结起来，努力奋斗，克服困难，争取胜利。"

1963 年 4 月 11 日

毛泽东乘专列到达南京，就在农村开展"四清"运动试点问题作了指示。

1963 年 4 月 12 日

毛泽东听取南京军区副司令员王必成汇报部队训练情况时指出：野营训练是一种好方法，应该在全军推广。

1964 年 7 月 19 日

毛泽东第三次亲笔为《新华日报》题写报头。

1964 年 11 月 11 日

毛泽东亲笔书写的"淮海战役烈士纪念塔"题词，经由中华人民共和国内务部转至徐州的淮海战役烈士纪念塔建塔委员会。

1965 年 6 月 20 日

毛泽东乘专列路过南京，在列车上接见了江渭清等江苏省主要负责人。

1965 年 11 月 13 日

毛泽东乘专列抵达徐州，翌日接见了市委副书记兼市长吴明政、地委副书记丁平，调查了解当地的工农业生产和人民的生活情况，并作了重要指示。

1965 年 11 月 16 日至 17 日

毛泽东在南京，向中共江苏省委负责人江渭清、陈光及部分地、市委书记了解全省的经济工作，开展社会主义教育运动及建设"小三线"的情况，并向中共南京市委负责人彭冲、刘中调查了南京市的工业生产情况，均作出重要指示。

1969 年 9 月 19 日至 21 日

19 日晚，毛泽东到达南京。21 日，由南京军区司令员许世友陪同，视察了南京长江大桥，并接见了守桥部队的部分干部、战士。

编后记

为隆重纪念毛泽东同志诞辰 100 周年，在中共江苏省委的关心和支持下，省委党史工委、省档案局共同组织编写了反映毛泽东来我省从事革命实践活动历史足迹的纪实性读物——《毛泽东在江苏》，列为省委确定的全省纪念毛泽东百年诞辰的重要项目之一。

本书编辑工作由周豪同志主持，彭思铸同志负责具体实施。省委党史工委顾问叶绪昌同志审阅了书稿。参加本书史料征集和编辑工作的同志有（按姓氏笔画为序）：王仁铭、孔庆耕、许燕鎏、吕绍真、吴雪晴、张开明、金芝蓉、杨玉伦、周光义、胡世和、施正东、章立功、黄元裕、常浩如、谢端尧、魏新民；此外，王平、卢再彬、陈立、阮锡安、杜燕春、吴逵隆、吴爱民同志也参与了部分资料的征集整理或编务工作。

中共江苏省委书记、江苏省人大常委会主任沈达人同志在百忙中为本书作序；原中共江苏省委的老领导、毛泽东当年多次来江苏的历史见证人、老一辈革命家江渭清同志欣然为本书撰写回忆文章，并挥毫题写了书名；全国政协常委韩培信同志热情为本书题词；中共中央党史研究室的有关领导和同志对本书的出版予以热诚的帮助，谨在此一并致以深切的谢忱！

限于编者的水平，书中难免存在疏漏或其他缺点，欢迎读者批评指正。

编　者

一九九三年七月

再版说明

2023年12月26日上午，习近平总书记在纪念毛泽东同志诞辰130周年座谈会上发表重要讲话，深刻指出：毛泽东同志是伟大的马克思主义者，伟大的无产阶级革命家、战略家、理论家，是马克思主义中国化的伟大开拓者、中国社会主义现代化建设事业的伟大奠基者，是近代以来中国伟大的爱国者和民族英雄，是党的第一代中央领导集体的核心，是领导中国人民彻底改变自己命运和国家面貌的一代伟人，是为世界被压迫民族的解放和人类进步事业作出重大贡献的伟大国际主义者。

为纪念毛泽东同志诞辰130周年，在中共党史出版社的支持下，《毛泽东在江苏》被选入《毛泽东足迹丛书》，经修订补充，得以再次出版。

中共江苏省委党史工作办公室高度重视本书的修订再版工作。于阳、吴遽隆主持了修订工作，确定修订原则，并提出具体修改意见。书稿吸收了《毛泽东年谱》《驰骋版图——毛泽东专列纪事》《毛泽东与中国铁路》等研究成果，并对毛泽东历次视察江苏的史实进行了深入研究。本次修订对书中的回忆文章从时间、地点、人名和提法等方面进行了核校，并重新梳理了年表。杨溯、张俊梅承担了具体修订工作。

由于我们水平和掌握资料有限，本书的疏漏、不足之处难以避免，恳请广大读者予以指正。

编　者

2023年12月